本書は、鴻海がいかにプラットフォームを構築し、規律正しく、柔軟性のある企業の基盤をつくっていったかを分析したものである。

この成功の理由を解読するには、鴻海帝国を統帥するリーダー郭台銘が鍵となる。

数年来、彼はスタッフたちに自分の経営理念と方針を、かみ砕いて簡潔にした語録の形式で単刀直入に伝えている。「鴻海人」でこれを規範として守らない者はなく、朗々とこれを口ずさんでいるという。

彼の語録は、すでに過去の指導者の名言集をはるかに超越している。この言葉は理論と実務を結合し、積年の苦労を織り交ぜた造詣である。

また経営の指標、成功の法則であり、そして修錬の心得でもある。

鴻海《ホンハイ》はなぜ世界企業になれたのか

まえがきに代えて

鴻海《ホンハイ》という企業をご存じだろうか？　売上高は日本円で約10兆円にも達する。グループ従業員数は約100万人。驚くべきはその成長力で、2007年からのわずか5年間で、すでに兆円単位だった売上が倍増しているのだ。

日本でその名が知られるようになったのは大手電機メーカー、シャープとの電撃的な提携だった。ちなみに当時のシャープの売上高は2兆4558億円。鴻海のほうがはるかに巨大企業である。

日本の主な電機メーカーを見てみると、日立製作所／売上高9兆6658億円／従業員数32万人、パナソニック／売上高7兆8462億円／従業員数33万人、ソニー／売上高6兆4932億円／従業員数16万人（いずれも2012年3月期各社ホームページより）であるから、いかに鴻海が巨大企業であるかがおわかりいただけるはずだ。

英名ではフォックスコンと呼ばれる企業だが、それほどの大企業なのに、同社のブランド商品を見たことがない人も多いと思う。それもそのはず、鴻海の事業はEMS（電子機器受託製造）、つまり他のメーカーの依頼で生産だけを手がける、いわば「黒子企業」なのだ。

鴻海なんて会社は知らないという人も、実はその「製品」はすでに持っているかもしれない。あのアップルのiPhoneやiPadの生産は鴻海が一手に引き受けている。それだけではない。インテルやデル、HPなどのアメリカのIT企業、さらには日本のソニーや任天堂なども顧客に名を連ね、スマホ、パソコン、ゲーム機、液晶テレビなどの「世界最大の工場」なのである。

同社は1974年に台湾で設立された。テレビの部品製造に始まり、90年代から中国に進出し、巨大な工場群を展開している。2000年代からはパソコンや携帯電話など電子機器の組み立てを受託する現在の業態に注力し、鴻海の躍進が始まった。

台湾を「国」として見ると、その規模は中国や日本に比べれば小さいが、世界的には決して小さくはない。2011年のGDPは世界の26番目にあたる。アルゼンチンや南アフリカ、タイなどの国よりも大きい。

その台湾のGDPの3割近い数字を稼ぎ出しているというのだから、鴻海は「超巨大企業」と呼ぶことができるだろう。日本の製造業で鴻海より売上が大きいのはトヨタ自動車くらいだ。

鴻海の巨大さを表すのには従業員数で見るのがさらにわかりやすい。150万人という従業員数は世界の製造業ではトップであり、アメリカの小売りチェーンのウォルマートに次いで世界2番目だとも言われる。その最大の拠点である深圳《しんせん》工場では30万人の労働者が働いているとされ、鴻海の1工場は中級の自治体レベルの規模に相当する。

中国・深圳の工場での求人には募集のたびに数千人の長蛇の列ができ、その長さは1㎞を超すこともある。その人気の理由は給与の高さだ。深圳の最低賃金が月額1500元(約1万8500円)であるのに対し、2013年2月募集時は基本給で1800元(約2万2200円)、試用期間後2200元以上と高給。また、2013年下半期には4400元まで給与を引き上げる予定で、一部の製造業では鴻海と同水準の給与を求めてストが起きたり、中国の製造業全体への影響が懸念されたりしているほどである。

この巨象鴻海のトップに君臨するのが、創業者である63歳（2013年現在）の郭台銘《テリー・ゴウ》である。彼は1日16時間働き、鴻海の重要経営事項はほとんど1人で決めているというカリスマ経営者である。

台湾では郭台銘が現れる場所にはテレビカメラの列がずらっとできるほどで、ニュースになる経営者として、芸能人以上の注目を浴びている。

鴻海が各製品分野で主要メーカーのほとんどを顧客にする営業力には秀でたものがある。インテルやデル、HPといったライバル会社同士が顧客になることもあるが、信頼を決して裏切らない徹底した守秘主義。大量の部品調達による購買力。さらに、猛烈なスピードで製品を量産ラインに乗せていく数万人もの金型技術者の存在。そしてその人才の育成方法……鴻海はこうした圧倒的な強みを背景に、現在も成長を続けている。

しかし、その鴻海に欠かせないのは、やはり郭台銘の存在であろう。本書は中小工場を世界企業にまでのし上がらせた郭台銘の比類ない営業力、圧倒的な経営努力、洞察力、発想力などを同社の内部文書である「郭台銘語録」をもとに構成した。

第2章

人才 On Talents and Recruiting

第3章

柔軟性

On Resiliency

第4章 逆境 On Overcoming Adversity

第5章

イノベーション On Innovation

序章

4つの「もしも」

4つの「もしも」

左記は郭台銘が2002年に鴻海《ホンハイ》（鴻海精密工業）の従業員に発表した談話である。4つの「もしも」と1つの夢。郭台銘のスタッフに対する期待を十分に表している。このような強力なモチベーションが鴻海王国をつくり上げた。また郭台銘は人々を鼓舞し、自信に満ちあふれる姿勢で生きていくことを勧めた。

【1つ目のもしも】

（1）あなたは、ただ電話に出て、客に「知らない」「できない」と伝える。
（2）あなたは、ただ注文をとって連絡せず、フォローせず、問題があっても報告せず、処理しない。
（3）あなたは、ただデータを入力するだけで数字の正確性を確認しない。
（4）あなたは、ただ電話に出るだけで、顧客が満足する、もっと多く注文することなど望んでいない。
（5）あなたは、自分はただのアシスタントだと思い、自分の一言一行が業務、上司、ボス、会社を代表すると考えたことが一度もない。

あなたの仕事に向き合う姿勢が、こうであればアシスタントに適任ではない。あなたの仕事は誰にでも、取って代わることができる。

【2つ目のもしも】

(1)あなたは、部署の成績を一度だって気にかけたことがない。

(2)あなたは、個人目標が部署の目標達成と深く関係することを考えたこともない。

(3)サンプルを出した後に、結果はどうなるかを考えたことがない。なぜ消息が途絶えたかを考えたこともない。

(4)見積もった後、なぜオーダーがないか、どのぐらい値を下げれば商売が成立するかをフォローしたことがない。

(5)オーダーが増えても、なぜ増えたのかを考えたことがなく、波に流され、客に踊らされる。

(6)オーダーが減っても原因を調べず、まったく無頓着である。

(7)客の前でもっとプロフェッショナルに、もっと信義を重んじるようになることを考えたことがない。

(8)仕事を企画せず、時間を管理せず、コストを制御せず、顧客を誘導しない。

（9）あなたは、新たに顧客、市場を開拓することを面倒で苦痛に思っている。
あなたが、もしこういう考え方の持ち主であれば営業マンに適していない。あなたの存在は企業にとって負担になる。

【3つ目のもしも】

（1）顧客のニーズを非常に重要なことであると思っていない。
（2）顧客のクレームを優先解決事項とし、自発的に追跡調査、検討をしない。
（3）いつも納期を守らず、顧客はいつまでも待ってくれると思っている。
（4）営業が顧客の不満やクレームを反映してくると、それを面倒に思う。
（5）顧客が品質の問題に反応すると、粗探しだと思い、悪質な顧客だとみなしてしまう。
（6）あなたは常に「面倒くさい」「難しい」「やりたくない」「無理」を口にしている。
（7）あなたは毎日の出勤をルーチン業務と思い、自ら積極的に問題を発見し、品質の改善をしようとしない。

このような姿勢で仕事に向き合うあなたは、生産部門にとって適切な管理者の資格を有していない。共に働くのはとても疲れる。毎日頑張って外回りしている私たちにとって、良好な品質とサービスで、私たちの後ろ盾として支援してくれないようでは、すべてが台無しで、顧客との約束も守れない。わが社は弁舌一流、品質二流、サービス三流の会社になってしまう。

【4つ目のもしも】

(1) 叱責があっても賞賛はない。処罰があっても奨励はない。
(2) 会社に有利でも、直ちに行動を起こさない。
(3) いつも「もうちょっと様子を見てみよう」「もうちょっと考えてみよう」を口にしている。

こうした考え方の持ち主は、リーダーとして適任ではない。

私には夢がある。当社で働く人たちは組織の中で、身代わりのない存在であることを望んでいる。あらゆる部門は会社の中で、代わりのできないものであることを望んでいる。私たちが世に送り出す製品、品質、サービスは顧客にとってかけがえのないものであることを望んでいる。私たちの会社は、人類が文明進化の真・善・美を追求する過程において、かけがえのない存在であることを望んでいる。

第1章

スピード

同一製品が研究開発されてから、どのように世界5大陸の生産拠点で生産し、異なる人種、言語、環境、気温など、さまざまな条件や制限を乗り越えられるか……。

On Speed

製品を売らずにスピードを売る

「我々フォックスコンが世の中を渡れたのは、そのスピードのゆえである！」

2004年9月、郭台銘自ら山西省太原サイエンスパークの落成式に出席した際、最初のコメントから同社のスピードについて触れた。

山西省は郭台銘の出身地であり、太原サイエンスパークもまた彼が中国において過去3年間に投資した最大の案件である。当日は山西省書記、省長、副省長らも出席し、郭台銘と鴻海の成功を分かち合った。

「顧客に、何の製品を売っているか、と聞かれたら、私は製品を売らないと言い、スピードを売りにしていると言う」

スピードはすなわち執行力につながる。正確な戦略を立てるだけでは不十分で、正確な戦略の執行、特に稲妻のような速さ、雷のような決断が下される執行力が必要であると郭台銘は説明する。

「科学技術のメーカーが10年後の変化を先んじて洞察できれば、当然先に突き進めるが、競合相手が悟ってから急に追いかけようとするとき、すでに戦略の重要性は後退し、逆にスピードや執行力が肝要になる」

では、企業にとって、「スピード」とは何か？

企業経営のオーソリティーであるドラッカーは「企業内部の、外的環境の変化に対する適応度が、その企業のスピードを反映している」と述べた。

この観点からすれば、企業の生産ライン従業員にとっては出荷スピードであり、顧客からすれば技術とサービスの組み合わせ、投資アナリストからすればすなわち営業収入・成長のエネルギーである。

この3つの観点から、鴻海は台湾で最も「スピード」のある会社であり、さらに重要な点は、スピードの優位性をどんな状況においても発揮できることにある。このスピードは確実な行動力に由来し、システム、戦略や文化を貫徹することにも由来している。

郭語録 1

実験室から1歩出れば、そこにはハイテクはなく、執行の規律のみである。

ソフトウェア設計「0点」からの出発

2004年3月某日。郭台銘は、日本のテクノロジー企業S社の中村副会長と東京で昼食をとった。S社は事業をグローバルに展開する最大のコンシューマー電子メーカーである。双方が業界の先行きについて、それぞれの見解を論じ合い、思い切って2005年末までに100万台のノート型パソコンを出荷する約束を交わし、昼食のメニューに「百万台」の漢字を書いた。

日本のS社との提携は、鴻海がノートパソコンの単なるOEM・受託製造から、共同設計開発に転換する重要な転機だった。

かつて鴻海は、デスクトップ型パソコンで成功した体験があったが、携帯用のノート型パソコンはまったく異なった電子製品で製造する「典型的なハイテク製品」である。

100万台はおろか1万台でさえ達成できないと考えられていた。

かつて台湾のノート型パソコンの筆頭は、広達電脳（クアンタ・コンピュータ）だった。1999年には株価850台湾ドルの記録をつくったが、この分野のハードルは依然として高く、コスト・コントロールや経済規模のみならず、電磁、電機、放熱などの関連技術を備える必要がある。

鴻海がノート型パソコンの受注を決めてから、確かにあらゆる辛酸《しんさん》を舐《な》めたと言えるだろう。例えば、S社は鴻海に対して初歩的な考査を行ったが、鴻海が初めて製造したノート型パソコンの総合能力評価は惨憺《さんたん》たる結果だった。

内部構造は60点、ハードウェア設計20点、最後のソフトウェア設計は完全に「0」と採点されたのだ。最初の総合能力評価の段階で、ソフトウェア設計が「0」点という結果は顧客に悪いイメージを与えてしまう。顧客からの信頼を得るためには、もっと創意工夫のある設計を提示し、さらにお互いのコミュニケーションを強化する必要があることを鴻海は熟知していた。

というのも、S社の主な設計関係者はフランスやイタリアに留学経験があったり、東京大学卒業などの秀才である。それだけに見識が高く、要求も厳しい。鴻海はより速く顧客の要求を見極め、設計の修正をしなければならないことを知っていた。

そのため同社は直接東京の1等地に「三毛猫屋」（注：設計・サポートオフィス、日本語のメカニカル・ルームの発音をもじる）を設立し、顧客サービスを始めた。製品の外観から量産プロセスに至るまで直接話し合って、互いの考え方の違いを克服するように努めた。しかし、高い賃貸料を払って日本でオフィスを設立したせいで、当然製造コストは高くついてしまった。

レストランでの取り決めから、2005年1月5日の量産スタートまで合わせると10カ月の時間を費やしたが、同年10月末には単一機種100万台の記録に達した。11月1日の打ち上げパーティーには、S社の中村副会長が「百万台」の数字が書かれたメニューを見せ、鴻海はハイテク製品の生産においても完璧な執行力があることが証明された。

ランチの際、メニューに書いた数字だとしても、お互いを信頼して100万台という途方もない数の製品をつくり上げたのである。これもワールドクラスのハイテク企業の気概であった。

郭語録 2

今日の世界、「大」が「小」を負かすことなく、「速い」が「遅い」を負かすのみ。

なぜチンギスハンは勝ってナポレオンとヒットラーは失敗したのか

あるとき、郭台銘は内モンゴルに行き、チンギスハンの子孫の人たちに、800年前のチンギスハンはどのようにしてヨーロッパまで遠征したかを聞いた。

チンギスハンの子孫たちが答えたのは「太陽が沈むところから攻める。ゆえに冬場は西側の『南』寄りを攻め、北方ロシアは酷寒の大地なので、夏場になってから西側の『北』寄りを攻める。なぜなら南側の砂漠地域は灼熱で耐えがたいからだ」。

太陽が沈む方向に従う――ヨーロッパ人が最も畏敬するチンギスハンとその子孫はモンゴル騎兵隊を率いて西へと掃討し、ヨーロッパの中心部まで突入し、ほぼ当時の知られていた世界の80%の領土を帝国に収めた。ある歴史学者は、チンギスハンが人類史上初めて正真のグローバル時代を切り開いたと述べている。

チンギスハンが勝つことができたのは方向性であり戦略であると郭台銘は考えた。同じくロシアに進攻したのに、なぜチンギスハンは成功して、ナポレオンとヒットラーは失敗に終わったのか？

ナポレオンやヒットラーは天候の悪い冬まで戦いが延びて、極寒を恐れない相手と対決するのは明らかにタイミングが悪いと考えていた。同時に敵に対する調査・研究も足りず、戦争への準備が不足していたことが敗因となった。

したがって郭台銘は、たとえグローバル競争（戦争）の方向性が合っていても、時機が合わず、準備不足であれば、最終的には失敗に終わってしまうと考えた。戦いに勝つには、「方向性」「時機」および「程合い」は「スピード」をもって完成させる必要があるのだ。

「フラットな世界で競争に勝つには、スピードと効率に頼る必要がある」と郭台銘は言う。

チンギスハンの部隊では1人につき馬3匹を率い、馬3匹を代わる代わる走らせた。戦士は馬に乗って昼夜兼行で進みながら、睡眠をとり、体調を整えた。しかし、敵は常に常識的に戦況を判断していたため、結果的に対処のしようがない壊滅的な打撃を被ってしまった。チンギスハンは方向性、時機、動員レベルが十分で、最後に比類なき推進スピードを加えて勝利した。

郭台銘は「このような統帥《とうすい》と軍隊を持ちながら、世界征服できなければ、人類発展の史詩は暗く沈むだろう」と感嘆した。

チンギスハンは、まず戦略で勝ち、最後はやはりスピードで勝った。現代では、特にハイテク製品のライフサイクルはどんどん縮まって、スピードが利潤を確保する。ハイテク製品のクラシックモデルが少なければ、製品の成熟度合いによって利潤を圧迫してしまう。このとき、唯一スピードの力がもたらす高効率こそが収益を確実にする。

つまり使命必達の執行力は、企業プロセス、グローバルカスタマーサポート、販路提携を改善することにより、一層の限界収益をもたらすことになるのだ。

郭語録 3

会社が「スピード」成長するには、「製品製造」および「人材製造」の二重能力が必要。

会社は従業員を育てる学校である

2005年から中国においても、鴻海は末端の作業員に対して、毎年の学習時間は50時間を超えなくてはならないと宣言した。つまり、毎週少なくとも学習時間を1時間と計算すると、エンジニア以上の従業員は、さらに288時間にも学習時間が達する。つまり1カ月あまりの学習時間になるが、彼らは生産には従事せず、もっぱら学習に時間を費やす。しかも従業員の学習態度は奨励金に連動しているのである。

同社では、人材を「製造」する方法として、まず従業員の「教育」から始める。富士康(フォックスコン)の人材バンク部門は、非常に詳細な育成プランを策定したため、中国の上位ランクの従業員は会社を「富士康大学」と称したほどである。ほかの企業は従業員の生産性を重んじるあまり、育成訓練を重視しない。それと比較すれば、むしろ富士康はまるで学校のようだ。

郭台銘は「鴻海は企業経営しているだけではない。学校をも運営している」と常に口にしている。鴻海の成長速度から見れば、確かに「学校」から人材を育成することで、成長する規模に追いつける。

彼は「私は年間300人の統括マネージャーを任用する」と、かつて明言した。内部から人材を育成することは、製品の生産と同じぐらい重要であることを強調した。

鴻海グループの副会長戴正呉は以前、自分の考え方を次のように話した。

「うちでは、最高の環境は仕事に使うのでもなく、ミーティングに用いるのでもない。学習のために利用するのだ」

鴻海の工場作業場は華麗な装飾はなく質素である。その理由は、従業員教育に力を注ぎ、受注コストを1円でも節約することで、顧客、従業員や株主に報いるためだ。

工場で最も明るい場所は、必ず従業員が授業を受けるスペースとして利用し、株主総会を開く際は、株主のほうが粗末なパイプ椅子に座る。

2004年の株主総会では、突然の全面改修が行われ、赤いソファーの講堂で開催されて多くの常連株主を驚かせた。このとき郭台銘は「この講堂は上級エンジニアのための講習堂ですよ」と、すぐに補足説明した。鴻海が「ハイ・テクノロジー」企業への転換を果たすために、質素な作業現場とは異なる最高の学習環境をエンジニアに提供したのだ。

郭語録 4

太陽が昇る限り、目標は必達しなければならない。

わずか6カ月間でインフラ整備、工場建設を完成

2003年10月、鴻海は山西省・太原に、世界最大のマグネシウム合金拠点「鴻富晋」を設立することを決定した。

郭台銘の父親の出身地が山西省である。彼はこのプロジェクトを大変重視しており、鴻海の決意とスピードを実践した。投資が決定した直後、郭台銘は直接太原市書記に「SARS期間中、北京小湯山医院は7日で完成した。我々山西人も奮闘する気持ちはないか？」と電話した。

山西省は北京中央が直接命令を伝達するスピードとは比べものにならないほど遅い。なおさら広東・深圳鴻海総本部の執行力は北京中央には及ばないだろう。

しかも山西省は中国西北部に位置し、2カ月の「冷凍期間」があり、さらに、通常「毛

地」（雑草や樹木が生える土地）から「生地」（まだ水道・電気の基礎インフラが整っていない土地）まで整備するには6カ月の時間を要する。「生地」から「熟地」（すでに水道・電気が策定された土地）に整備するには、さらに6カ月かかる。それからようやく水道・電気の基礎工事を始められる。合計少なくとも18カ月、つまり1年半の時間が必要なのである。

だが山西省は、南方の効率のよさにも負けないことを示すため、無理やり人力を派遣して施工を速めた。山西省長も就任2日目にして自ら工事現場に出向き、状況を視察した。元日には省書記、省長を含め、工事現場に足を運び、労働者および現場監督を慰問した。24時間交代勤務も加え、結果的にはわずか6カ月間でインフラ整備、工場建設を完成させたことになる。

「未来の山西省太原は次の深圳になるであろう」と郭台銘は誇らしげに語った。

郭語録5

戦略：方向性、時機、程合い。

勝つ戦略は「方向性」「時機」「程合い」にある

郭台銘は、勝つ戦略を簡単に「方向性」「時機」「程合い」に分けた。

「方向性」とは、まず数多い製品の中からどの製品をつくるか、グローバル市場ではどの地域の顧客に展開するか、ブランド差別化の中、どの客層から始めるか、もう1歩進んで、どのような技術を求めるか、サプライヤーをどこにするか、これらはすべて方向性と関係している。そして鴻海が投入する製品の方向性としては、通常は産業発展の見通しが明るく、もしくは今後の潜在力が十分であることだ。

「時機」とは、その産業がいつ成熟するかを見極め、どの程度の技術・人材などが必要か、さらに自己能力の投入具合を考察する。例えば2007年9月、郭台銘は中国最大のBtoB（企業対企業）取引サイト、アリババの創設者・馬雲《ジャック・マー》と連携した。ネットワーク経済はまだ始まったばかりとの見方があるが、まさにこれから発展し、参入するタイミングで連携したのだ。

「程合い」とは仕事の執行力、垂直統合の実行力、速さをも含む。

例を挙げれば、韓国サムスンや台湾の友達（AUO）などの大手企業が大型液晶ディスプレイ（LCD）を競って導入した際、鴻海グループ傘下のパネルメーカー群創科技（イノラックス・ディスプレイ）は、とりあえず静観することにした。なぜならこの市場の規格や寸法は相当混乱しており、30インチから40インチ以上のテレビはどちらが売れ筋なのか、まだ「成熟度合い」がわからなかったからだ。

そのため群創科技は当然のように、最も得意とし、製品規格が比較的成熟している液晶モニターマーケットを攻めることにした。同社がLCDに参入した時期は他社に比べて遅かった。しかし生産設備と技術は比較的発展し、成熟していたため、生産設備の組み立てから量産、出荷までスピードは同業の中では最速だった。

当然コストも最低に抑え、後から参入して100％の執行力をもって完成させたのである。まさに郭台銘が国内外の競合相手をソワソワさせて、居ても立ってもいられない状況に追い込んだ重要な出来事だった。「しかも順序は間違ってはならない。まず方向性があって時機を待つ。最後に投入の度合いを決定する」と、ある鴻海の幹部が述懐した。

郭語録 6

勝ち組は常に2人の競争者がいる。時間と自分である。

勝つための5つのポイント

どのように「勝つ習慣」を培うのか。郭台銘が2006年、初めて中国で講演した際に5つの要点を解説した。

〈**第1**〉計画と執行は同様に重要である。どんな仕事にしろ、計画のみでは経験は得られず、計画だけでは不十分。言行一致のみが勝利する習慣を身につける。

〈**第2**〉2人の競争者に注視すべし。この2人の「競争者」は勝ち組にとって大変重要で、1つが時間、もう1つが自分である。

時間は誰にとっても最重要の競争要素だ。時間ほど公平なものはなく、誰もが今日の時間運用に注意することだ。昨日より有効利用しているか？　他人よりうまく使っているか？　が勝つポイントになる。彼が熱心に指摘しているのは、今日の自分は他人と競争しているわけではなく、最も重要なのは、今日の自分は昨日の自分よりよくなっているか、明日は今日よりもっと見解を持てるか、もっとビジネスチャンスをつくり出せるかが勝利への始まりであるということであった。

〈**第3**〉運に頼らないこと。なぜなら人は幸運を当てにすると、堅実に実力を伸ばそうとしなくなるからだ。

〈**第4**〉小さな成功体験を積み重ねること。小さな成功例の積み重ねは非常に重要で、一足飛びに成功しようと思わないことが大切だ。成功者は数年の努力を経て、やっと今日実を結んだのである。中国に「万丈の高楼も地面から建つ」という古いことわざがある。あらゆる小さな成功体験を大切にしていけば、将来は大きな成功に結びつく。

〈**第5**〉絶対に放棄しないこと。私が最後に説きたいことは、どんな問題・困難に遭遇しても放棄しないことだ。どんな能力の養成でも、困難にぶつかって解決して初めて自分の能力を伸ばすことができる。

困難に遭遇しなければ、一生能力を伸ばすことができない。ゆえに郭台銘は常に挑戦することが好きだと言う。困難が経験をもたらし、自己問題解決の能力が与えられる。したがって、困難に遭遇しても絶対放棄しないことだ。困難に遭遇することは、自己学習、成長する上で最大のチャンスなのだ。

郭語録 7

鴻海4つの「スピード」
1. 戦略、執行、監査のスピード処理能力
2. 研究開発、製造、サービスのスピード対応能力
3. コミュニケーション、協業、競争のスピード
4. 硬軟両様の手を使い、相互を用いるスピード

郭台銘とベテラン幹部の絆

郭台銘が人をコントロールする腕前は絶妙である。鴻海のベテラン幹部李清墩と同僚は、初期の頃に起こったあるエピソードを打ち明けてくれた。

1996年、李がちょうど深圳《しんせん》・龍華でのパソコン筐体《きょうたい》焼き付け塗装ラインを初めて完成させた後、台湾に戻り1週間の休暇をとることにした。台湾に戻ると初日は何事もなかったので、ひとまず会社の業務を考えないことにした。2日目は正午まで寝て、ちょうど家族と一緒に食事していたとき、突然郭会長の電話を受けた。

「2日間の休暇、いかがお過ごしですか?」と会長から挨拶された。

李清墩が思ったのは、休暇中にもかかわらず、会長がこんなにも自分を気にかけていることに感動し、何と言ったらいいのかわからないまま「よかったです、よかったです。会長ありがとうございます」と慌てて返答した。

すると「ここ2日は忙しいですか？」と会長が聞いてきたので、「いいえ、忙しくないです……」と答えた。すると、そのまま郭台銘は話の流れに沿って「では時間を短縮して、早く龍華に戻れますか？」

この瞬間、李は我に返り、少しためらって「できるだけ早めに戻ります」と答えて電話を切った。心のうちでは「1週間も長くは休めないにしろ、あと3、4日ぐらいはまだ台湾に滞在できそうだ」と思っていた。

10分経った頃、思いもよらず鴻海台北の秘書から電話がかかってきて、「李マネージャー様、先ほど会長から時間を縮めて、早く中国に戻るようお願いされませんでしたか？」と、いきなり聞かれた。

彼はなぜ秘書が繰り返し言ってきたのか妙に思ったが、そのまま「はい、そうです」と答えた。すると、秘書はあっさりと「わかりました」と言って電話を切った。

そのまま昼食をすませ、午後の計画を準備しようとしていると、再び電話が鳴った。台北の秘書からの電話だった。

「李マネージャー様、すでに午後3時出発のフライトを手配いたしました」

李はびっくりして、なるほど「時間を短縮する」とはこういう意味だったのか。まだ休暇も残っているのに、もうチケットを買ったのか――。

彼は苦笑いしながら電話を切ったが、また電話が鳴り、今度は郭台銘の声だった。「李ちゃん、先ほど秘書から電話なかったか？」

もちろん知っていながら尋ねたのに違いないのだが、李は「はい。3時のフライトです」と答えた。「よし、今日必ず会いましょう！」と郭台銘は、さわやかな声で電話を切った。李はどうしようもなく、独り言のように「必ず会いましょう……」と繰り返して返事をした。

この瞬間、ドアベルが鳴り、秘書が予約したチケットが届けられた。

李が深圳に到着したのはすでに夜11時だったが、工場敷地内に郭台銘を見つけた。郭台銘は肩にタオルをかけ、汗を拭きながら「李ちゃん、やっと来たか。もう私は2日もちゃんと寝ていないから、後をお願いしてもいいですか？　もう疲れたから先に休むよ」

この状況を見て、李清墩の憤りは一気に解消され、そのまま職場に残って仕事を続けた。そしてもっと早く手伝うべきだったと深く反省した。

郭語録 8

素晴らしいリーダーシップはわからないが、悪いリーダーシップなら知っている。それは率先垂範しないリーダー、責任逃れするリーダー、周囲から気に入られようとするリーダー、9時から5時までしか働かないリーダー、信賞必罰を行わないリーダーである。

郭台銘が考えるリーダーの資質とは

もし本気で組織を最速で成長させたいのなら、何よりも行動をもって示すことだ。そのほうが本を100冊ほど読むよりも勝る。いくら感動的な言葉を読んでも自ら行動することには及ばない。

2003年、アメリカのアップルコンピュータが64ビットパソコン・G5を世に送り出した例を挙げてみよう。当初、同社は日本の設計開発の力を借りて、まず日本で研究開発してから、中国の専門製造サービスによって大量生産しようとした。これもできるだけ速く生産し、なおかつコストを下げるためだった。

鴻海も、そのうちの1つのOEM請負メーカーだったが、製造技術の秘訣を持っていた日本側の結論は延び延びになっていて、すべてを提供することをためらっていた。

一方、アップル社は鴻海に対し、最短時間での大量生産を望んでいた。郭台銘は従業員と共同作業することに決め、夏の気温が37℃、38℃にも達する深圳工場に入り、技術開発しながら大量生産の準備もしていた。

深圳工場には冷房設備がなかった。というのも、この製品の生産プロセスは高温の環境が必要とされ、郭台銘は冷房前に座って従業員を指揮するスタイルを最も嫌ったため、自ら灼熱の現場に入ったのである。

郭台銘が雑誌の取材を受けたとき、G5の金型取っ手にはガラス面の直角があり、触ったときに切り傷になるかどうかを試す必要があったことを明かした。

「第一線で働く者として、自分の手で鋭角を触ってみたら切り傷ができて血が流れた」

郭台銘が先頭を切って試すのを従業員が目の当たりにして、これでは手を切ってしまうから改善すべきだと考え、問題は即座に解決された。

当時はちょうどSARSが発生し、世界を震え上がらせた病毒の蔓延に対して、国外からの支援、協力で来ていたエンジニアは退却せざるを得なかった。一方、まだ生産ラインにいる従業員は帰宅できず、家族の安否も気遣ったが、量産期日のプレッシャーもひしひしと迫ってきた。このとき、郭台銘は台湾に戻ってSARSを回避することなく、引き続き深圳の最前線に居残った。

幾重の重圧と困難に直面して、従業員と共に奮闘しているリーダーを見て、従業員は鼓舞され、突き進もうとする信念が強くなった。これもリーダーが最前線にいる役割の1つである。結果的にG5を順調に納品しただけでなく、従業員も困難を克服し、任務完遂、限界突破の充実感を得ることができた。

郭語録 9

勝つ経営戦略とは即開発、即量産、即納品である。

グローバル製造の資源再編成

２００６年、日本メディアの取材を受けた際に「スピードにおいて我が社は絶対に顧客をがっかりさせることはありません」と郭台銘はコメントした。受注、生産、納品まで首尾一貫しているサプライヤーの「スピード感」があって、初めて顧客からチャンスをつかむことができる。

特にコンシューマー電子製品のライフサイクルは短く、市場攻略や安定供給するためには、往々にしてＯＥＭ工場の納品スピードにかかっている。このジャンルにおいて、日本は長らく世界の覇者だった。しかし最近5年ではアメリカや韓国の脅威を受け、サムスンの液晶テレビやアップルのＭＰ３「ｉＰｏｄ」が取って代わる最大のライバルとなった。

郭台銘も「世界の市場シェアを取り続けたいのなら台湾と提携すべきだ」と直接日本企

業に呼びかけている。鴻海にはブランドがないので日系企業の脅威にはならない。むしろ協力関係にあると考えている。

特にグローバル企業が用いる「サプライチェーン」の観点から見れば、まさにグローバル製造の資源再編成である。彼の日本企業の専門エンジニアに対するアドバイスは以下のようなものだ。

・いかに開発時間を短縮できるかを専門エンジニアが考えるか
・いかにサプライチェーン・マネジメントの効率を上げるか

日本企業が国外のエンジニアに委託して、試しに共同作業の経験を積み上げていく方法もあると郭台銘は考える。

実際、いかに外部委託するかも重要な経営学であり、「グローバル製造の資源再編成」の基礎でもある。同じ製品ラインが台湾や中国で研究開発された後、鴻海グループは最短時間で、世界5大陸の生産拠点で同時生産を始める。異なる人種、言語、環境、気候などさまざまな条件や制限を乗り越えて生産していくのである。

また台湾メーカーには日本人にはない「スピード」があり、中国もまた日本にない「市場」である。郭台銘は「もしかしてある日、日本籍のエンジニアが学ぶ外国語は英語ではなく中国語になるかもしれません」と意味深げに語っている。

郭語録 10

産業の転換は「労働集団」ではなく、「頭脳集団」により可能になる。

金型の開発時間は週単位から時単位へ短縮

台湾大学・救急診療室のある話が郭台銘に大きな感銘を与えた。それは同所のあらゆる時間が秒単位で計算されていることだった。まさに命を救うために1秒たりとも無駄にしないのである。金型が違えば、開発に費やす時間も違ってくる。携帯のプラスチック筐体《きょうたい》セットの金型であれば、鴻海なら1週間以内で製造できる、金属筐体《きょうたい》の金型なら10日で納品でき、緊急時でも3日で納品可能である。

2003年、郭台銘は緻密さに長けている徐牧基副統括マネージャーに対して、金型の開発時間は「週単位」でも「日単位」でもなく「時単位」で計算するように要求した。金型1セットの開発時間を算出するとしよう。例えば、金型が最速1・7日で1セット製造できるとしたら、1・7日を時間単位に換算する。つまり40・8時間に変えるように郭台銘は要求したのである。その結果、3日かかった納品が1・7日に縮まった。

データベース対応も鴻海の金型製造における強みである。郭台銘が日本の記者の取材を受けたとき、「金型は景気の影響を受けず、その生産速度を把握できれば、1歩時間をリードできる」と答えた。

そのためFRT（Foxconn Rapid Tooling）ソフトウェアを自社開発し、金型の研究開発および生産は24時間運用を可能にした。同社は24時間交代勤務体制と金型データベース化による相互補完が功を奏し、金型を量産化できたのである。

また中国で精密金型職業訓練学校を3カ所も設立し、年間2000名ほどの技術要員を養成している。1年の設計および製造訓練を経て、卒業試験に合格できれば、直接中国各地の工場に移って24時間交代勤務に配置している。

パソコンと人材の融合以外にも、2000年、東京に関係企業FineTechを設立し、精密金型や鋳型を深く研究している中川威雄東京大学名誉教授にマネジメントを依頼した。さらに革新的な競争力を強化したのみならず、鴻海が世界の一流水準と肩を並べたのである。

中国の安い労働力は多くの製造業を引き付けたが、鴻海が持続成長できたのは、「労働集団」から脱却して「頭脳集団」の域に達しようとしているからだ。

郭語録 11

サイエンス・テクノロジー企業が成功できるか否かは、「サイエンス」の発展ではなく、「テクノロジー」の発展にある。

企業の成功のカギは「テクノロジー」の発展にある

郭台銘はしばしば次のような話をして従業員を戒める。――「金持」という名前の人がいる。金儲けできるかどうか定かではないが、少なくとも彼の父の代はお金がないから息子に金持ちと名づけたのである。同様に「来弟」という名前の人はきっと兄さんがいないからだ――。

そして自嘲気味に言ったことがある。「現在我が社は『テクノロジーグループ』と称されているが、それはテクノロジーをもっと強化しないといけないことを意味する。PC、すなわちパーソナルコンピュータは現状では正真正銘個人に属していない。だからPCと呼ぶ。ある日『個人化』できたときにはPCのP（個人化）は削除されるだろう。これは毎朝出勤するとき、『個人』の自動車を運転するとか『個人』の妻と一緒に出かける、と言わないのと同じである。なぜなら妻は最初から個人に属し、自動車も個人のものであるからだ。ある日、鴻海が本当のハイテク企業になったら、科技の2文字を削除してもいいが、現時点ではまだ遠い将来の話だろう」

郭台銘は、鴻海が「ハイテク」になることを非常に戒め慎んだ。

1990年代末、鴻海が資本およびスピードを武器に急成長したとき、多くの人が「手を黒く汚した現場エンジニア」による起業、また伝統的な金型工業にすぎないと見ていた。2002年、郭台銘が初めて鴻海はハイテク企業の仲間入りを果たしたと宣言した際、多くの人は最大のリスクが同社を襲うだろうと予想した。しかしすでに当時、製造業から発展した量産の経験と能力を持っており、テクノロジー発展の「リスク」は少なかったと郭は述懐している。実際、「科技」を「科」と「技」に分け、「科」は「科学」、「技」は「技術」を示しているが、科学的「価値」を持つには学術論文の発表を主とし、技術的「価値」を持つには世界の特許に申請することである。

片や実験室に属し、片や産業の開発に属する。まさに中国語の研発は「研究」と「開発」の省略形で、テクノロジー企業を最もよく象徴している。利益を出せる企業にとって、技術の発展は直接製品の発展に結びつくが、科学は非常に遠い存在である。ハイテクがあれば製造業の基礎技能は必要ないと思うのであれば、それはまったくの幻想であり、まるっきりハイテクを理解していないのである。

郭語録 12

経験＝時間＋金銭。

本物の経験を得るためにはあらゆる手順やポイントを理解する

「懸命に働いて利口になる」と郭台銘は言う。彼が信じないのは「work smart, don't work hard.」（利口に働け、懸命に働くことなかれ）だ。どんなことでも躍進はありえず、漸進、進化していくからである。特に進化（evolution）は時間と資源の投入が必要であり、1つも不足してはならない。

鴻海は毎年大量の機器設備を購入する。例えば「射出成型機」（ハードウェアを製造する機器）を追加購入した場合、郭は購買担当者に対して、サプライヤーを招いて技術の伝授を要請するよう指示するが、これでようやく機器を買ったことになる。

「一番嫌うことは何か？　技術委員会が単にサプライヤーの販売員を呼びつけ、機器販売の交渉をすることだ」と彼は言う。機器原理、製造経験を理解しなければ、最新技術を習得できず、何をもって科学技術と言えようか。技術委員会の役割とは何か、経験を得るためには必ず時間をかける必要がある。

「メーカーの招きで会食しても、たいして肥《ふと》らない」と郭台銘は意味深げに言った。

「フカヒレを食べても、病気から免れることはなく、むしろ病気になる確率を増やす。酒を飲むのも単に自己麻痺だ」

郭台銘はさらに注意を促して、もし技術委員会に機器の推薦ばかりしている者がいたら「内情に詳しい社員はぜひ直接メールをください」とも言う。

現在、同社内部には厳格な規定がある。サプライヤーが自ら工場に来て説明を行わない場合、鴻海グループは2度と彼らの製品を購入しない。大金をかけて機器ばかり購入しても、自社では永久に各種最新型機器の製造技術を習得できないからだ。

郭台銘は従業員に対して、機器のあらゆる原理と要を徹底的に理解するよう求めた。また製造元担当者は機器の利用具合を調べ、会社が機器の効果を最大限に発揮しているかをチェックする。時間と金を投入して経験を得る。過去においては、経営者が従業員に固定給与を支払い、従業員が給与をもらうが、今後は「権勢や利益の奪い合い」になる。

郭台銘は「給与はこれぐらい欲しいとぜひ私に言ってください」と内部幹部に要求した。「金銭」投入後、本物の経験を得るためには、必ず時間を費やし、徹底的にあらゆる手順や要を理解することだ。

郭語録
13

「成長」の一卵性双生児は「苦痛」だ。

苦痛が過ぎれば新たな栄誉と成長が望める

鴻海では定期的に表彰式が行われ、優秀な従業員を奨励する。ある表彰式で、郭台銘は特別に赤い上着を着て参加者に強い印象を残した。普段の彼は工場内で制服を着ている。そこでその日なぜ赤い上着を着たのかを説明した。

「ゴルフの名選手タイガー・ウッズが優勝したとき、いつも赤い服を着ている。実際、人の行為はその人の思想を反映するものだ」

タイガー・ウッズはゴルフ選手権で、史上最年少で優勝（この栄誉に輝いた年は21歳3カ月14日だった）を果たした。初めてグランドスラムを勝ち取ったアフリカ系選手でもあった。彼はアマチュアからプロに転じ、たった42週間で世界一を達成したのである。

ゴルフは従来欧米人、特に白人が主流だったが、タイガー・ウッズは相手を負かした。

郭台銘はタイガー・ウッズの限界に挑む「運動精神」に学び、従業員の表彰は好ましい競争の結果であり、「受賞は栄誉を獲得する新競技の始まりだ」と諭す。

優れたスポーツ選手の中には、さらに上を目指す選手がいるように、従業員の表彰はスポーツの試合と同様、栄誉を与えられた中にも、より大きな賞賛が与えられる。さらに成長するには自己満足してはならないのである。

郭台銘は香港特別行政区行政長官を訪問したことがある。長官は香港もハイテク産業へ転換させようと考えていたが、当時の英領香港政府は金融、貿易、旅行、不動産の人材ばかり育成していた。しかもハイテク産業を発展させようとすると「構造上の難題」にぶつかっていた。

「転換と変革」とは「自己否定」および「自己再生」への厳しい挑戦である。郭台銘が伝えたいことは、業績と栄誉はまさに構造上の経営転換、創造性の経営変革、さらに変化および再生により与えられるが、このプロセスには必ず苦痛が伴う。しかし、苦痛が過ぎれば、新たな栄誉と成長を望めるということである。

郭語録

14

成功への道筋は1．模倣　2．研究　3．創造　4．発明。

模倣、研究、創造、発明の4つが成功へのステップ

優秀な発明家は、必ず優秀な「追随者」であり、「研究者」であると郭台銘は考えている。発明は高い境地にあって、突如理由もなく湧き出てくるものではない。

あらゆる技術革新は「模倣」「消化」そして「吸収」から始まるが、理解と対比の基礎がある上で「研究」を行う。整合、集成、超越に向けて「創造」する。完全なる革新的な思惟、そして革新的な方法の指導のもとに「発明」すると考える。

模倣とは現実を明確に認識することだ。実業家は貪欲に学習して、他企業の長所を吸収しなければならないと郭台銘は言う。

まずは1「模倣」から始め、

2「研究」、

3「創造」、

4「発明」につなげる。この4つのステップが富士康（フォックスコン）のイノベーション研究の道筋である。

初期の頃、鴻海は外国企業から学んだ。1986年、土地の購買、工場増築、スイスから高速連続パンチプレスを輸入した。こうした設備以外にも「対日任務グループ」を成立させ、日本籍の顧問を招聘《しょうへい》し、日本の精密機器の製造技術の指導に当たらせた。

当時、多くの外資系マネージャーは郭台銘の勉強好きな一面を見た。最初はテキサス・インスツルメンツ（Texas Instruments）のアジア・太平洋地域会長、前デル・コンピュータ社のアジア・太平洋地域購買管理本部統括マネージャー、前台湾フィリップス会長まで、郭台銘は各グローバル企業の核心専門マネージャーに会うチャンスがあれば、企業管理の思惟方式や外資系企業の運営体系を聞き、話はしばしば数時間にも及んだという。

郭台銘は、よく幹部に対して言う。

「わからなければ聞くこと。メンツを保とうと思ったら最後に何もかも失う」

しかも他人はすべてを明かしたりしない。結局のところ、模倣から研究、創造、発明に至るのである。

郭語録

15

構想、布石、そして遂行。

構想とは最初にどう物事を考えるかである

「社会人になって、将来的に自分のサインは重要になると知っていたので、英文のサインを懸命に練習しました。過去20年における重大な契約はすべて同じ英字でサインしました」

郭台銘の自分自身に対する期待は、まさに鴻海の大構想そのものだ。

彼は「3つの局面とは構想、布石、遂行である。構想とは、最初にどう物事を考えるかである」と言う。例えば、台湾で最初に携帯電話産業に参入したのは明基グループ（BenQ）だったが、数年かけてやっとモトローラ社から注文を受けた。

1999年、鴻海が富士康（フォックスコン）を成立させて、携帯電話OEM生産を始めた際、各業界はうまくいかないと思っていた。なぜなら、PCと通信はまったく異なる産業と技術であり、顧客層も重複しない。だが、PCから携帯電話への参入に対して、鴻海はすでに「構想」を展開し始めていた。

2003年10月16日、鴻海はノキア（Nokia）専用のフィンランドOEM工場を買収合併した。さらに驚いたことに、2日後に電光石火の勢いで、モトローラのメキシコ工場を鴻海の事業版図に収めた。これで一気に携帯電話産業で最重要の2つの顧客を手中に収めたのである。勝利の方程式はまさにグローバル的な買収合併の「布石」であった。

2007年の市場調査機構ガートナー（Gartner）および国際デジタル通信（IDC）の統計によれば、ノキアおよびモトローラの世界市場占有率は4割を超える。富士康はこの半分の市場だけを守り、顧客が技術進化するにつれて、他の競合会社の参入は大変難しくなる。

同社は圧倒的な勢力で、引き続き市場を占拠していく。このことはPCにおいて、国碁電子を吸収合併した成功体験をコピーしたに等しい。これはまさに「遂行」である。2003年に鴻海が通信OEMトップの国碁電子を買収合併してから、多くの企業は経営不振に陥った。中には市場から脱落する会社もあったほどだ。

2006年、鴻海の買収合併ターゲットは、デジタルカメラOEMの最大手普立爾（プレミアイメージ）に移り、吸収合併後、デジカメ産業でその効果をすぐに発揮した。郭台銘は引き続き「3産業」の競争力を展開していったのである。

郭語録
16

少林寺のカンフー・マスターは長きにわたる単調な試練の賜物《たまもの》だ。

世界の一流ブランドとの商売は武術の「稽古」と似ている

もし少林派、武当派、崑崙《こんろん》派などの名門一派から武術を日々教われば、自ら「一派」を成せる。世界の一流ブランドと商売することは、実に武術の「稽古」とよく似ている。これも数年にわたる鴻海の貴重な学習経験、成長プロセスである。

「これらの経験は書物から学べるものではありません」と郭台銘は言う。

30歳の誕生日に、彼は日本の松下電器（現パナソニック）で商談をし、テレビ部品を製造させてもらえないかと依頼していた。その日の夜、松下電器の担当者は彼の誕生日であることを知って飲み会を催してくれた。郭台銘はすっかり酔ってしまった。翌日、目が覚めてベッドの上で考えに耽《ふけ》った。

日本は工業の土台がしっかりしているから、部品製造が発展する礎になり、優れた部品を供給できるようになった。一方、台湾には「土台となる工業」がないため、テレビの商売は外国資本が握っている。台湾ローカル企業が独自に研究・開発し、製造できるような部品メーカーはいったい何社あるのだろうか？

その時点から台湾のメーカーと商売せず、海外の大手と商売することに決めた。最も重要な理由は、日米のグローバル企業の商売からさまざまなことを学ぶことができ、それだけで自社が鍛えられるからだ。台湾の中小企業にしっかりした基礎技術や合理的なコストパフォーマンスがあれば、国外のパソコンメーカーやグローバルな大企業も喜んでエンジニアを派遣し、支援してくれるだろうと推測していた。

当時、台湾系列の大手企業は鴻海に部品を発注することを考えた。希望納期は日本よりも短く、低コストを要求する厳しい条件だった。

郭台銘は2週間も考えた挙げ句、受注を目前にしながら最終的にはこの商売をしなかった。主な理由として、要求された値段が日本より3割も安かったからだ。同社は納品が速く、品質もよいなどの実力がすでに備わっていたので、直接国際舞台に進出すべきだと考えたからでもある。

鴻海設立10周年にはＩＢＭからプラスチック部品を受注し、矢継ぎ早に日本、さらにドイツなどヨーロッパ先進国と提携を結んだ。実は郭台銘にとって、海外からの注文書1枚ずつが「稽古」の連続であった。

郭語録 17

人が50歳を過ぎれば、アクセルを踏む以上にブレーキを踏むタイミングを知る。

ひたすらアクセルを踏むのが経営ではない

営業収入を追求するか、粗利益率の成長を追求するか、経営における実際の意義はまったく違ってくる。特に成長過程中、どのように成長の誘惑を排除するかは非常に困難である。

どんな産業や市場においても、メーカーがパイを大きくするために利幅を少なくしたり、低価格で市場の成長を刺激したり、あるいは高い利幅を維持して営業収入の成長幅を緩やかにするかといったことを考えながら事業を展開している。

郭台銘が思うのは、まさしく「成長」は学問であるということだ。これは台湾だけではない。世界のハイテク大手企業インテル（Intel）やマイクロソフト（Microsoft）でも、ある段階に到達すれば、営業収入もしくは利潤の成長にするかの選択に迫られる。この際「成長」の2文字は特に慎重に扱う。

鴻海は布石、執行、そして営業収入の成長スピードを強調するが、次々と困難を乗り越えると同時に、郭台銘はいわゆる「成長の誘惑」を幹部に注意喚起する。つまり、スピードを追い求めると同時に利益の維持も忘れてはならないということだ。したがって、ときに撤退すら惜しまず、再び状況を展望することもある。

主に郭台銘が考えるのは、どんな業界でも成長の余地、成長の動向があることだ。だが、この成長動向からもう1つの成長動向に変わったとき、どの業界に参入すればいいのか？参入してはならないのか？　このとき「成長の誘惑」の抑制が必要となり、冷静な判断が必要になる。

高い利益を得た際に、いかに次の成長の波に乗る準備ができるか。あるいは営業収入が成長しているとき、次の利益成長の波に乗れるか。経営者がどう「ブレーキを踏むか」は経営者次第である。経営とは、ひたすらアクセルを踏み続けるだけではないのである。

郭語録 18

数値から問題を分析するのではなく、構造から問題を見よ。

構造の視点から入って見た内容は他人と絶対に違う

郭台銘は、自らを「構造」から問題を見るタイプの人間だと分析する。

彼は「今日、我々の問題を見る目は他人と違わなければなりません。問題の見方が他人と同じであれば、新聞だけ見れば十分です」と言う。問題はまず構造の視点から入り、こうして見た内容は他人と絶対に違うはずだ。

数千億台湾ドルをパネル工場に投資することを決定したのは、主に「構造上」の考慮があったからだ。

まず市況から見て、未来は「眼球」世代である。鴻海はデスクトップ型パソコンを製造している。必要とするパネルはノート型パソコンよりも大きく、また携帯電話にも表示パネルを用いるため、パネルは鴻海にとって必要不可欠のものとなった。

2つ目の構造的理由として、将来はあらゆるハイテク製品は「光学」「機械」「電子」に再編成され、いわゆる「オプトメカトロニクス（Optomechatronics）」になる。鴻海も将来オプトメカトロニクスの再編成に向けて邁進するが、パネルは「光」のテクノロジーを代表している。

3つ目の構造的理由として、鴻海は必ず世界で投資する計画を行わなければならない。例えば、鴻海の製造生産基地は中国において、過去10年の投資額は10億米ドル以上にものぼり、相対的に台湾で投資する必要もある。パネル産業はまさに「2兆産業」のうちの1つで、半導体製造プロセスの部品に属する。

郭台銘は「台湾にもちゃんと約束します」と確約した。

産業構造上から戦略を立てても、確かにすぐには成果が出ないが、非常に堅実ではある。郭台銘は「我々に挑んでくる方がいます。自分の能力をわきまえなさいとまでは言いませんが、絶対長い時間がかかるはずです。というのも私は30数年の時間を費やして、やっと今の基礎をつくり上げたからです」。

将来、郭台銘が退任したら、自ら基金を設立して投資すると言う。だが鴻海の投資基金は差額利益、為替差益、財務レバレッジの操作を主とするのではなく、基金は産業構造から問題を見て投資機会をうかがう。ただ単に財務の数値からマネーゲームを行うのではないのである。

第2章

人才

会社が「スピード」成長するには「製品製造」および「人才製造」の二重能力が必要である。

On Talents and Recruiting

キーパーソン人才の登用が企業を成長させる

2007年度の鴻海の営業収入は兆を突破して、1兆335億台湾ドル（約4兆円）に達した。成長真っ盛りの頂点で、未来の鴻海はどんな人才を受け入れたいのだろうか？

同年、同社の忘年会会場両側の掛け軸に「権勢や利益を奪う人は好漢で、新天地を開拓する人は英雄だ」と記載されていた。社内の会議で、郭台銘はあからさまに経験と知識で暮らしを立てている幹部に対して、いったん勇敢にもポストを譲り、権力を放棄して自分の実力向上、自己充実を経てから再度自分のポストを取り戻し、権力奪取することを奨励した。

「私を倒して、私を追い出せる好漢の出現を切に待望している」と切り出し、さらに「あなたの出現は夢に出てくるほど期待している」と、ひと言付け加えた。

できる力量、登用の度胸、人才活用能力、与える力量、与える度胸、付与できる能力、こう言うと、あたかも鴻海が人を採用するイメージだが、その背後にはもっと重要なテーマが含まれている。

同社が求めているのは、舞台で活躍できる人才を育成することである。人才の養成、条件、態度から人の激励方法まで、郭台銘語録から人才を育成するプロセスを垣間見ることができる。

会社の「人材」が「人才」に変わり、さらに「人財」に変わるプロセスの中で、売上も同じくして100億台湾ドル、1000億台湾ドルの大台に乗り、さらに兆へと1歩ずつ邁進していった。

「金型のことはよくわからないが、どんな人、どんな専門家を活用するかは知っています。機械博士だけでも何十人もいますよ」

同社は金型から起業しているのだから郭台銘は金型に非常に詳しい。あくまで謙遜した言葉であろう。人才活用、特に「キーパーソン人才」の登用が鴻海の過去30年間、成長を持続する礎を築いたと言うのだ。

では「キーパーソン人才」とは何か？

これまでの成長は「先進的な経営思想」「賢明な決断力」「科学的な管理理念」「優秀なイノベーション成果」「迅速な反応力」「強力な執行効率」を含めたキーパーソン人才の登用、および時間の有効活用によるものであると郭台銘は答えている。

郭語録
19

企業ライフ3部作は「人材、人才、人財」。

与える度胸で人材を人財に変える

郭台銘にとっては、鴻海に入社して間もなく、まだ企業文化の洗礼を受ける前の新人は、いくら素晴らしい学歴や強い技術背景を持っていても「人材」であって「人才」ではない。「人才とはどんな人なのか。木のない才だから人才である」と、香港富士康持ち株（FIH）統括マネージャー戴豊樹は明言している。

「木があれば、すなわち『材』である。まだ『彫刻』されていないことを意味する。つまり学習と改造を通して何とか木を除去するのだ」と社内講話をした際に熱弁をふるった。やはり「人」がいてこそ事業領域の拡張が可能になる。「人材」から「人才」に変わったとき、企業が市場を占め続けることができる。つまり「人才」は「人財」でもある。

実際、郭台銘が新しい業界に参入するたびに、その業界は震撼する。もともとの市場勢力図が再編される以外に、競合が憤激して歯ぎしりするのは、多くの「人材」が鴻海に転がり込んでいくからだ。まさに郭台銘は「人才は財産である」ことの重要性を理解していると言えよう。

人才投資において、郭台銘はこれまでずっと金を惜しまなかった。光通信産業「フェニックス計画」の推進策を例に挙げてみよう。鴻海は光通信の専門家を招くために、メディアを通じて年俸1000万台湾ドル（3000万円）で雇用する広告を出した。

郭台銘が気前よく人才探しをしているのを外部が見て、その決意もまた知ることになる。新しい産業へ参入するとき、最初にすることは人探しなのである。

2000年、鴻海の営業収入が900億台湾ドルを突破したとき、当時からすでに副統括マネージャー級の幹部が数百枚の株券を所持していた。当時の株価約200台湾ドルで計算した場合、価値はおおよそ数千万台湾ドルにもなる。

「どうしようもない。実に気前がよい」と、ある会社の会長が慨嘆する。与える度胸がいいとは郭台銘が人に与える印象である。だが、もう1つの観点から見れば、郭台銘の「与える度胸」は、彼が「人材」を「人財」に変える力があるからこそ生まれると言えよう。

郭語録
20

抱負が大きければ、用意される舞台も大きい。

人才に発展しようとする野望があれば舞台は与えられる

郭台銘は約2年がかりで、富士康持ち株統括マネージャー戴豊樹に、トヨタグループの「終身雇用制」および世界の2大自動車メーカー・マネージャーの肩書を放棄して、自社の一員に加わるよう説得した。

戴豊樹は東京大学で博士号をとった後、指導教授の紹介でトヨタ自動車に入社した。トヨタグループも外国籍幹部として重点的に育成するつもりでアメリカ、日本で働いた後、タイの子会社に出向してマネージャーを担当した。

郭台銘は、彼がトヨタ式マネジメントを理解している稀な人才であることを聞き、絶え間なく連絡をとり、自社に加わるように説得した。だが、戴はまさに順風満帆《まんぱん》、出世街道を突き進んでいたため、すぐに返答しなかった。

あるとき、戴豊樹は日本からタイの職場に戻る途中、台湾での短い滞在時間を利用して妻と一緒に両親を見舞いに行くことにした。郭台銘はその時期を見計らって、直接空港から会社に連れていき、面談を行った。

不思議なことに、土城（台北近郊の地名）オフィスに到着後、郭台銘は戴豊樹に「先に戴さんの奥様と話がしたい」と言った。外資系企業の待遇を放棄して、台湾に戻すには妻の支持が必要だと考えたのだ。

一方、彼の妻も、夫が親孝行の長男であることを知っていて、台湾の会社に戻れば、近くで両親の世話もできるようになると思っていた。ただ住むところが問題だった。すると、郭台銘は彼女に「家のことは心配しなくてもいい。早く100万米ドルの家を探してください」と、即座に言ってのけたのだ。

住居費は会社が負担する。戴の妻は、夫の転職に反対する理由がなくなったことを悟った。

彼女が会長室から出ると、今度は戴豊樹を中に招き入れて、「奥様は反対しない」ことを告げた。戴の妻は30分のうちに弁護士、会計士が別々に会長室に入り、その場で調印が完了するのを見た。

会社の正門を出てから、「君が私を鴻海に売り渡したんだね」と、戴は妻に笑って言った。

郭台銘は、人才に発展しようとする野望があれば舞台は与えられると考えている。戴は自動車産業からPC関連産業に移り、さらに携帯電話パーツの開発を命じられた。

そのとき、自動車の仕事をしていた人が携帯電話でうまく仕事ができるのか？　と懐疑的になっている人もいたが、郭台銘は「自動車の部品は2000種類あまり。でも携帯電話はたったの200種類あまり。できないと思いますか？」と、その意見を一蹴した。

ヨーロッパの要である部品工場の買収合併から、メキシコやブラジルの工場設立に至るまで、戴は最初から同社の携帯電話産業におけるグローバル戦略に関わった。

5年間で携帯電話事業部の営業収入は約2000億台湾ドルに大成長した。富士康は上場し、鴻海グループの発展は一段と加速した。同時に2006年、鴻海で最も成長の速い部門になった。

携帯電話産業に転戦した戴豊樹は、トヨタよりも大きな「舞台」をつくり出したのである。

郭語録
21

情報処理のプロセスにおいて「知識」および「技術」の付加価値は大事である。

情報共有できる人こそが指導者と呼ばれる

ネットワーク経済の時代、ビジネス集団は、まるでバスケットボールのチームのようであると郭台銘はたとえる。

過去のバスケットボールチームでは、ポイントガードは司令塔として誰にパスするのか、どのようにしてシュートチャンスをつくり出すか、どのようにディフェンスして全体をコントロールするかが役割だった。このポイントガードは主に場外にいる監督の戦術と指令を伝達する役割もある。

しかしながら、現在の新しいバスケットボールの戦術では、ボールを受け取った人が試合の流れをつくり上げるポイントガードとなる。試合の流れは目まぐるしく変わり、相手の出方も計り知れないため、ボールを受け取った人が主導して攻勢をかけ、随時フォーメーションを変えるのである。

ネットワーク経済の時代、関連チームはリーダーが立てた戦略、さらに問題の処理方法や見方について共有することは極めて重要なことだ。したがって、成功のカギは抑え込むマネジメントではなく、チーム自体が一致団結しているところにある。

郭台銘は「以前から私はひたすら管理するのではなく指導するほうに力を入れている。もしリーダーが情報に欠けていたら堅実さにも欠ける」と言う。これも現代ネットワーク組織の指導概念である。

なぜ指導要領と情報共有は関係しているのだろうか？　主にネットワーク革命の影響を受けているからだろう。ネットワークと情報収集は切っても切れない関係で、ネットワーク経済もまた知識経済である。情報と知識を収集している過程で、どのように仕事仲間と共有できるか、これもリーダーの責任である。

リーダーとは戦略を立て、方向性を示す以外に、最後にはチームの同僚と情報共有することが必要になる。どのように情報を共有し、活用するかを決めるのはリーダーの役目である。これが彼のリーダー論である。

郭語録 22

「グローバル化」とは人才の現地化。

グローバル化の第1歩は現地の人才にある

鴻海メキシコ工場3000人のうち、郭台銘は3名の台湾幹部だけを派遣して管理に当たらせた。現地の財務、会計などの業務はすべて現地メキシコ人が担当し、ほぼ現地スタッフが責任を持って経営管理していると言っても過言ではない。

2002年8月、鴻海は1800万米ドル（約18億円）を費やして、遠いメキシコ・チワワ（Chihuahua）州にあるモトローラ工場を買収した。同工場は主にアメリカ市場の顧客に製品を供給する役割を果たしていたが、カリフォルニア州のレベルの高い生産ラインにもメキシコ工場が取って代わっていった。

かつて、このモトローラ・メキシコ工場は米国籍マネージャーがマネジメントしていた。郭台銘が思うに、メキシコは台湾や中国から大変に遠い。もし多くの幹部を送り込めば、かかるコストだけ増えて、意思疎通の効率も必ずしもいいとは言えない。最もよい方法は、メキシコ現地の幹部が自分で生産ラインをマネジメントすることだ。彼は、自分たちは手を出さずに、メキシコの幹部に運営する機会を与えたのである。

メキシコ工場は、鴻海の中南米における最初の買収合併相手だった。買収合併の過程で、郭台銘は前後5回ほどメキシコに出向いた。彼は経営団体に対して、自社はリストラしないばかりか、仕事の機会を増やし、目標にさえ到達すれば必ず公平に奨励金を授与することを約束した。結果的に、1年後にはメキシコ工場は鴻海が要求する年率30％の成長を達成することができた。以前の米国籍マネージャーがつくったメキシコ人に対するさまざまな制約や管理規則よりも鴻海式のほうが有効であった。

郭台銘が考える「グローバル化」とは、現地スタッフの重用から始まって、双方が共同で努力する目標を設定し、現地の人才の力を借りて、共にグローバル運営することだ。マネージャー対従業員、東洋人対西洋人といった図式を問わず、実際の経営管理や目標を通して完成に向かい、1歩ずつ互いに真の信頼関係を築いていく。このプロセスがグローバル人才を育てるためには避けて通れない道なのである。

郭語録
23

過ちを犯した人を代えたら、その人の経験はなきに等しい。

後継者計画は人才育成のプロセス

郭台銘は、「若者が犯す過ちは許せる。ただしこの『過ち』は個人の生活態度や仕事が丁寧でないことを意味するのではなく、環境の構造上の変化、あるいは思考、経験不足によるもので、この種の過ちは大いに励ますことだ。間違っても果敢に試してみる人は、責任を負う勇気があることを意味する」と言う。

毎年、郭台銘は特別に時間をつくって、「新幹班」の従業員に対して講演する。「新幹班」とは「新世紀幹部班」の略で、未来の鴻海を担う若い幹部候補であり、中国各地から厳選された従業員と有名校の卒業生で、まさに鴻海に選りすぐられた未来の星である。

入社した新人はまず鴻海本部に行って、2週間~3週間の訓練を受ける。その後、各事業単位で授業を受け、その後も再び訓練を受ける。平均して新人養成では1年近くの時間をかけて訓練を行う。主な目的は新人に自社の企業文化を理解して、受け入れてもらうことにある。

2007年の講演中、郭台銘は特に若い幹部に説諭した。同年の世界《フォーチュン》(Fortune) 大企業500社のうち、154位の鴻海は巨人の存在だ。

「若者は巨人の肩に立ってもいいし、寝そべっても他人より高い。けれども巨人の肩の上にいるのだから、なおさら自ら努力して向上することだ。自分に厳しく、自らの襟を正し、自己鞭撻できなければ、巨人が1歩進んだだけで肩から振り落とされるでしょう」と、郭台銘は気持ちを込めて要求した。

外部が郭台銘の後継者として各大事業部の統括マネージャーに目をつけたとき、彼は意表をついて、現在自分と年齢が近い幹部は自分と同じ時期に退職して、後継者はもっと若い世代に引き継ぐだろうと話した。

彼にとって、後継者計画は長期人才育成のプロセスに位置づける。後継者は必ず社内から抜擢して社外から探すことはない。しかも候補者を1名だけ選んで訓練するのではなく数名から選ぶ。さまざまな領域から若者の力を発揮させて「間違い」に臆することなく公平な成績評価を経て選ぶのである。

郭語録

24

人才の3つの心得は責任感、向上心、野心。

幹部の向上心と野心が成長のカギ

郭台銘はレノボグループ創設者・柳伝志の名言を解釈するのを好む。

「若手幹部には責任感、中堅幹部には向上心、上級幹部には野心を持つこと」

彼はしばしば鴻海に入社して間もない幹部に、この言葉を贈る。

郭台銘は中国幹部の実力は、すでに台湾幹部に追いついたと考えていた。中国の幹部は大変な苦労にも耐え、末端現場での特訓も喜んで受け入れるからだ。また中国の幹部が鴻海本社に入社すると、たとえどれだけ高学歴であっても、生産現場で6カ月間の実習を受ける義務がある。

彼は次のように説明した。「人間は安逸な環境では怠慢になりやすい。しかも読書だけで現場に行かないのは、まるで理論だけは知っているけど麻雀ができないのと同じだ。必勝本だけ読んで麻雀しても勝てないのと同じである」と。

郭台銘は「子育て」の視点から仕事ぶりを観察することがある。責任感を持って仕事をするか否かは「子供を見る」と「子供を育てる」と同じだ。責任感ある人の仕事ぶりは「子供を育てる」と同じく、どんなに大きな困難に遭遇しても、あらゆる手段を講じて克服する。一途に子供を育みたい思いである。

一方、責任感のない人が仕事をした場合、まるで子供を見ているだけで、熟慮を尽くすこともなく、問題にぶつかったときはいつも責任転嫁しようとする。

「野心」から見た場合、2007年、鴻海最大の営業収入をもたらした事業グループ長は、それぞれパソコン担当の簡宜彬、および携帯電話担当の戴豊樹である。共に2000億台湾ドルあまりの営業収入を上げている。「向上心」の観点から将来成長の瞬発力がありそうな人才は、アップルコンピュータ担当の蔣浩良と日本ゲーム機担当の戴正呉である。双方ともに潜在力を持っている。

また、盧松青が担当するコネクター事業グループは営業収入最大の部門ではないが、鴻海が「ハイテク」に転換し得るカギを握っている。鴻海も幹部の「向上心」と「野心」によって成長したのである。

郭語録 25

天才はそのままにすればいい。天才型研究者はどの会社にいても悪夢のようだ。

素晴らしい人才は試練を受けるべき

「私は天才ではありません。天才は天にしか居られず、我々はせいぜい人才ですが、執行力があってこそ言えることです」

郭台銘は外部から経営奇才と言われているが、再三強調して、自分はせいぜい「人才」であり、ただ「執行力」があるだけだと言う。

「今日鴻海帝国の輝かしい成果は適材適所による結果であり、誰が博士で、誰が有名校出身なのかなどを強調したりしない。鴻海の人才応募サイトが示すように、履歴を送付すれば、働くチャンスがある。サイト上にも鴻海は外部が言うように、有名校以外の採用を見送ることはしない」と主張した。

さらに分析すれば、郭台銘は廣達グループ（クアンタ）会長林百里、華碩グループ（ASUS）

会長施崇棠のように台湾大学電機系エンジニアの出身や有名校の卒業生ではない。このような背景から、より多方面から人才を吸収するのではないかとキャリアのある業界専門家は指摘する。

これは郭台銘に自信がないと言っているのではない。反対に逆境や困難に直面して、目標を達成するまでは諦めないという覇気を身につけることが重要だと思っているのだ。郭台銘が鴻海帝国を築いていく過程では数多くの大困難に遭遇したが、これらの難関に対応し、突破することによって最大限の報酬を得ることができ、ますます実力を備え付けてきたのである。

彼が深く信じているのは、素晴らしい人才であればあるほど、もっと試練を受けるべきであるということだ。絶え間なく問題を解決し、難関を乗り越えてこそ人才はますます自信をつけていくのである。

郭語録
26

若者の3つのふさわしさ
ふさわしい産業を選び、ふさわしい会社で働き、
ふさわしい上司に出会う。

ふさわしさとは

創業初期、郭台銘はしばしば落胆することがあった。

「小企業に金があっても人才は働きに来たいとは思わない」

小企業の将来性は不明のため、たとえ賃金が高くても、一流の人才を引き寄せることは難しい。今日、鴻海は億兆企業に成長したが、ある国立大学教授は「当時私は郭台銘に、統括マネージャーを担当してくれないかと誘われましたよ」と感慨深げに言う。

人生はやり直しがきかない。あるいは人生には思いがけないチャンスが待っている。こうした観点から、鴻海副会長戴正呉は20数年前、当時最大の民営製造業大同（Tatung）社を離れ、従業員1000人足らずの鴻海に入社した。

しかし20数年後、彼がマネジメントしている「競争製品事業グループ」は、今の大同社

の年間営業収入と同じ規模になった。彼の見る目が極めて正確で、苦労にもよく耐えたことを物語っている。単に「ふさわしい産業を選んだ」だけでなく、「ふさわしい会社で働き」、「ふさわしい上司に出会った」のである。

戴正呉はただ生産製造の功績があっただけでなく、ずっと郭台銘の信任を得ていた。5年前にもともと担当していたパソコン関連事業が成熟した際、事業部全体を他人に譲って任せただけでなく、自分でも新たな事業をつくり出した……ゲーム機PS2がそれだ。

現在、消費家電事業は鴻海の主要な営業収入源であるだけでなく、同社が「C」（パソコン）からもう1つの「C」（コンシューマー電子製品）を立ち上げて、鴻海の約5分の1の営業額を占めるに至っている。2007年には同グループ中、携帯電話部門に次ぐ業績を収めたのである。

戴正呉は「会社は、ただ新人の能力を重視しているわけではない。仮にある人の能力は90点あるにもかかわらず、責任感がなく熱意もなければ、おそらく70点にしか評価されない。一方、ある人には能力があって責任感もある。だが方向性あるいは戦略の精度がよくない。鴻海が人才に対する待遇の仕方は「1に貢献、2に責任、3に能力」の順序で人の昇進を決めているのだ。

郭語録

27

人才の選抜および育成は企業の永遠の難題である。

人才の選抜と育成が企業の永久の難題

外部から見ると、郭台銘と鴻海はイコールとされている。彼の一挙手一投足は投資家にとって、最も参考になる指標である。だが、グループが成功するにつれて、彼以外の人にも注目が集まり、後継人の育成や選抜なども注目を浴びるようになった。

2003年、鴻海は順調にチェコで工場を設立した後、郭台銘は初めて20人の統括マネージャー候補を決めて、将来トップになる候補者グループとしたと発表した。「雍正帝《ようせいてい》（清朝5代皇帝、仕事中毒で過労死したという）のように晩年国事に奔走した挙げ句、最後は公文書の上で過労死したくない」と郭台銘は述べた。

自分自身は少しずつ仕事から離れていき、若者にはチャンスを与えてみるそうだ。そしてその発表から半年ほど経って、ようやく郭台銘は8大事業グループおよび指導者リストを公表した。そのリストの中には彼の親戚（弟の郭台成）を含め、これまでサポートしてきた古参（盧松青、游象富など）や新たに加入した専門マネージャー（戴豊樹、呂芳銘）などがいた。

これは同社が初めて正式な継承を進める布石の第1段階として、主にゼネラル・エレクトリック（GE）とインテルのモデルを参考にしたものだ。

例えば、ゼネラル・エレクトリックの各事業グループ担当者は、将来の最高経営責任者候補でもある。事業グループ内で1つの仕事を受け持つ一方、中には事業グループが2人によって管理されている（コネクター事業グループ、ネットワーク製品事業グループなど）。事業規模が100億台湾ドル単位ともなれば、指導者1人では荷が重すぎるのを考慮したからだ。

さすがに台湾では500億台湾ドル以上の営業収入を運営したことのあるマネージャーは多くないため、中途離脱、事故が発生した際の処置として、2人による共同マネジメント（Two In Box）方式で後継者を育成する。これはインテル社のモデルを参考にしたものである。

しかし、鴻海は国内外で大規模な買収合併を行い、国碁電子から普立爾カメラ（プレミアイメージ）に至るまで、瞬く間に数百億台湾ドルを費やした。鴻海は10大事業グループの構成にもなった。

「鴻海は今後買収合併の方法で成長していく。人才や技術合併なども含めてだ」
郭台銘は、本社は次第に「百の川を治める海」のようなプラットフォームになると発言した。2004年のとき、郭台銘は一度台塑（台湾プラスチック）の継承モデルを参考に「策定グループ」を成立させ、全体評価しようとした。

しかしながら、グループ事業は極めて膨大で、最後の調整や仲介には人を必要とする。実際どの事業グループでも「後継者」は必要とされ、これもいわば「継承者」の挑戦である。基準に適合するためにも管轄領域、キャリア、能力、実績など、1つも欠かすことができない。

郭台銘が肝に銘じた言葉がある。「千軍は得やすく、一将は求めがたし」という言葉だ。同社最大の挑戦は何かと聞かれたら、そのつど郭台銘は躊躇《ちゅうちょ》なく「人才だ。人才の選抜と育成。これは企業永久の難題だ」と回答するだろう。だからこそ人才投資において、金を惜しまないのである。

郭語録

28

希望がなく、欲望のみは人を破滅に導く。

長期投資や人才育成こそが成功できるかどうかの重要なカギ

あるとき鴻海中国の工場が電力不足に陥ったが、すぐに電力が回復した。実は、電力を管理しているある政府関係者の故郷に郭台銘が寄付をしたり、育成に力を入れていることを知って優先的に電力を供給したのである。

後に、郭台銘はこのことを聞いて大変喜んだ。またあるとき、万華（台北市の地名）でビーフンを食べたとき、屋台のおかみさんが郭台銘だとわかって、鴻海の株券を買って儲かったと嬉しそうに話しかけてきた。このような些細なことは郭台銘を大いに奮い立たせた。

趣味で仕事すれば、永遠に疲れを知らない。今後10年、鴻海の成長は毎年1000億台湾ドル増となることを郭台銘は望んでいる。

彼は自分にチャレンジ性の高い目標を設定して、達成することで満足感を得るのである。

「私が金をかけない、費用をかけたくないことを意味しているわけではない。要点はどこに金をかけるかだ」と説明している。

金儲けは簡単で、金を使うのは難しい。金を意義あることにかけるのはもっと難しい。

郭台銘は人才投資や先進的な設備増設に金を費やすことを惜しまない。長期投資や人才育成こそがグローバル化の中、台湾が成功できるかどうかの重要なカギとなる。

「外部は私が金を使うのは一つの享楽と言うが、むしろある種の追求と言うべきだ。これが私の哲学です」

同社は従業員を国際的に通用する人才に育てるために、数千万米ドルを費やすことを惜しまない。台北、アメリカおよび中国でいわゆる「世幹班」(世界幹部訓練班)を設立した上、しかも海外研修までさせるのである。

「精密製造」を基礎とするテクノロジー企業であるソニー、サムスンやIBMと同じように、絶対に「製造技術」という基礎を放棄したりしない。全世界は中国が安い労働力を武器に今日を築いたと思っているが、郭台銘は「中国は安い頭脳力を武器にすればもっと将来がある」と言う。

郭台銘はずっと鴻海龍華工場の従業員に対して、4分の1の従業員がエンジニアになるように要求した。そうなれば4・5万人の規模に相当し、これが頭脳を支える部隊となれば、未来の製造における研究開発を担ってくれることになるのだ。

郭語録
29
マネジメントはなく、責任あるのみ。マネジメントは訓練できるが、リーダーシップは訓練しようがない。

率先垂範が指導統率の秘訣

郭台銘は、いくつかの外国企業の経験を参考にしている。多くの企業は、優れたリーダーの輩出を試みて苦心して完全なる昇進訓練制度を確立しようとしたが、最終的にこれらの人才も会社が遭遇した難関を乗り越えられなかった。

マネジメントは訓練できるが、リーダーシップは訓練できない。ポイントは「自らやってみることだ」と郭台銘は持論を述べる。

リーダーシップとは「必ず鍋の中で揚げることだ」と言う。つまり策略を決定できるのは自分だけで、さもなければ実際の経験なくして、どんな人もリードできないし、下の人間も指示された方向性や時期に従って進まない。いくら優れた制度や法令による規範でも無駄である。ゆえに郭台銘が思う管理理念は、どんな組織であろうと、必要なのはマネジメントではなくリーダーシップだということである。

では、どのようにリーダーシップを養えばいいのか?

郭台銘が思うに「率先垂範」こそが指導統率の秘訣である。たとえ非常に困難な任務でも自ら先に飛びつくことだ。

「リーダーシップとは実践と実験の戦い、あらゆる経験の累積だ」と郭台銘は説き、ここ数年の重要な戦いは必ず自らが赴くようにしている。

2008年以降、郭台銘は数名を指名してリーダーの責任を分担させるようにした。自ら第一線を退き(つまり退任を意味する)、各事業グループの指導者に試練や単独で仕事するチャンスを与えるだけでなく、会社のために長期的な戦略をも計画しているのである。

郭語録

30

四流人才、三流管理、二流設備、一流顧客。

「四流人才」が固く結束すれば「一流顧客」を勝ち取れる

郭台銘は「木片補助理論」を例に挙げることが好きだ。「木片補助」とは多数の木片を束ねて桶にして水汲みに用いるものだ。

桶の木片1枚ずつが力を発揮できるのは、木片が束ねられているからだ。木片1枚とは、実はチームの中の1人にたとえられる。仮に木片が大きくても単独1枚では水も汲めない。

つまり木片が大きくても、たくさんの水を汲めるわけではない。逆に木片が小さくても、「木片補助」によって束ねることができれば力を発揮できる。小さな木片1枚でも水汲みの役割を果たせるのである。

このことから、チームの中に能力が最強の人がいるからといって全体成功の物差しにはしない。もしくは企業功績を評価するポイントにもしない。最も弱い人がどのように力を発揮できるかがチーム全体の実力を表すのである。そのために、組織が最も弱い人からどのようにして最大限に力を引き出すかが企業の実力になる。

人才の重要性を強調しながら、突如「鴻海の人才は四流人才」と決めつける彼の論理は一瞬人をびっくりさせるが、実は人才の重要性を強調したいだけなのである。

この「最も弱い人」は四流人才かもしれない。しかし「四流人才」全員が固く結束することで「一流顧客」を勝ち取れる。これがチームワークの力を表し、四流人才も必要としているので、なおさら一流人才が緊密に協力しあえば、とてつもない価値をつくり出せるのである。もう一つ組織の観点から言うと、ある人の存在によって組織全体に成否を及ぼすことを郭台銘は認めていない。

人才は団結することで力を発揮する。同様に、機器は人間によって操作され、マネジメントは人才が執行している。機器設備や管理システムも全体の画一化によって力を発揮する。彼が誇りにしているのは、人才が徹底的にチームワークおよび機器性能を理解できれば、たとえ「四流人才」であっても一流顧客を勝ち取ることも可能になることだ。

郭語録

31

真の英雄は戦場で命を捧げている。帰還して勲章を受け取ることなく。

真の英雄は勲章を見ずして終わってしまう

過去アメリカでは、フォードに入社できる人は業界1、2を争う技術の精鋭であると言われていた。若き張忠謀（現TSMC会長）がアメリカで働きたい第1志望の会社もフォード自動車であった。彼らはかつて比類なき工業神話をつくり出したが、このような優秀な人才でも飯の種を失ったのである。

グローバル景気の不振、自動車産業の再編成により、アメリカ第2位の自動車メーカーであったフォード自動車は、2006年に数万人のリストラを行ったと言われている。

郭台銘が指摘するのは、多くの医療技術・医療倫理のある医学専門家や技術の優秀な自動車専門家と比較すると、鴻海従業員の技術水準や製造経験は大変乏しい。さらに知識やテクノロジーの学習意欲や執拗な熱意において、まったく足元に及ばない。

仕事をしていれば、必ず「英雄」であるとも限らないのである。真の英雄は、勲章を見ずして終わってしまう。この言葉は毎年受賞された人を実に嫌な気持ちにする。だが、鴻海社内の人間はよくわかっている。郭台銘の本当の狙いは、すでに実績があってお高くとまっている管理職に対して、単に物質的な成果で満足することなく、人生にはもっと大きな修羅場があって、奮闘には終わりがないことを喚起することである。

一流企業をリストラされた人才に対して、郭台銘の反応は素早かった。「リストラ」されたからといって汚点になることはないのである。逆に人事部に「フォード100」計画を企画させ、人事部にはリストラされたフォード社1万名あまりの従業員から、少なくとも100名の精鋭をスカウトするように命じた。

なぜならフォード自動車の人才は紛れもなく業界の精鋭である。フォードの金型、スタンピングプレス、モールディング、焼き付け塗装、電装、IE、品質管理、器材、材料、自動化組み立て、工業設計、製品安全性の能力は実に素晴らしく、この人たちは間違いなく会社にとって将来の「英雄」になると郭台銘は確信していた。

郭語録

32

わからなければ聞くこと。メンツを保とうと思ったら最後に何もかも失う。

メンツを失くすことを恐れる人は最後に何もかも失う

郭台銘は、世界最大の半導体メーカー・インテルがなぜ尊敬を受けるのかを説明した。インテルは事実に即して問題を処理し、問題の細部を理解しようとしたため、逆に他人から尊敬を受けるようになったのだという。

インテルの主要製品はチップである。チップを製造するためには半導体設備が必要になる。半導体設備メーカーは同じ製品を午前中インテルに販売し、午後にはアメリカにおけるインテルの競合他社、アドバンスド・マイクロ・デバイセズ社（Advanced Micro Devices）、あるいはテキサス・インスツルメンツに販売する。そして、翌日午前中には日本のメーカーに販売し、午後には台湾の聯華電子（UMC）や台湾半導体（TSMC）に販売する。

しかし、同じ設備であるにもかかわらず、なぜインテル製品は他社をリードし、世界一になれたのか？　もし設備を購買し、インストールしてボタンを押すだけなら、間抜けでもできる。これでは単なるテクノロジーの労働である。

ではインテルはどのようにして可能にしたのか？　インテルは半導体設備メーカーから製造機器を買って、先にサプライヤーに生産ラインの試し運転をさせ、完了したらカーテンを閉め、サプライヤーのエンジニアを退去させた上、インテルの技師が改造を行う。

例えば、設備はもともと「90ナノ」の製品を製造するが、インテルが改造して、半分までに縮小して、「45ナノ」でさえ可能にした。もともと1分に8個製造するものが、改造後には1分に40個製造できるようになった。

インテルのエンジニアが生産することができて、設備の改造もできる。さらにテクノロジーを創造できる素養があったため、トップ企業になることができる効率のよさがあった。そこで同業他社の尊敬まで勝ち取ったのである。

「我々にそんな力があるのか？　我々は単に設備の購買を頼りに生産している下級労働者ではないのか？」と郭台銘は意味深げに指摘した。

設備販売者の目には、多くの顧客は尊敬に値しないように映るという。なぜならこれらの顧客には設備のことがよくわかっていないから売れたのだ。

郭台銘はかつてロサンゼルスで笑い話を聞いた。ある外国人が広東出身者からチャーシューを買ったとき、広東出身者は広東語で雇い人に言った。「外人がチャーシューを買いに来た。昨日のものを売ったらいいよ」と。だが、その外国人が香港に20年間も住んでいたことを知らなかった。流暢な広東語を話せるその外国人は「すみません。昨日のものはいらない。今日のチャーシューください」と返答して、広東出身者は大変驚いた。

「技術を知ってこそ、他人も一流のものを売ってくれる」と郭台銘は従業員に注意した。技術を知らなければ、他人は尊敬しないばかりか、二流のものばかり売ってくる。

技術を知り、細部を理解するために、恥ずかしがらずに聞いて、ことの真相を追究することだ。過ちを認めるのは恥ずかしいことではないと力説する。

「いつもメンツを失くすことを恐れる人は最後に何もかも失う」と、さらに従業員に話した。特に上級管理者会議のとき、すべての案件を検討してみた。間違ったところは真摯《しんし》に受けとめ、とことんまで問い詰めれば、本当の知識を得ることができる。

郭台銘はよく若者に対して「間違いは怖くない。怖いのは繰り返し過ちを犯すことだ」と言う。

彼は自社でさえ批難した。実際、鴻海は過去20~30年で数多くの教訓を得た。人事部が教訓を部類別に分け《錯誤全集》の本にまとめることもできるだろう。内容としては、間違った案件ごとに説明して、結局問題は突発か？　あるいは積弊か？　どの程度影響を及ぼすか？　どのように検討し、改善すべきかを記載するのである。

彼自身も重要な人物に会うときは質問するチャンスを逃さなかった。例えば２００６年

4月、郭台銘はビジネスのためにアメリカまで飛び、スケジュールはその年の市場の景気変動を視察することだったが、それ以外の最重要な予定の1つがデル・コンピュータを再「新任」する最高経営責任者マイケル・デルに会って質問することだった。

「うかがいたいのは、当初ケビン・ローリンスCEOが受け継いでから、順調に目標を達成できなかった原因は何か？」と郭台銘は質問した。

デル・コンピュータはかつて世界最大のパソコン会社だったが、2007年にはヒューレット・パッカードから強烈な反撃を受け、1位の座を明け渡した。デル・コンピュータの規模は約900億米ドル、およそ3兆台湾ドルであった。ちょうど2008年、2兆台湾ドルに邁進しようとしている鴻海にとって、どのように後継者に引き継げば、トップの座をしっかり固めることができるかという手本にした。

郭語録
33

注意深く事実を確認し、大胆に人を使う。

事実を確認し、大胆に人を使う

グループ傘下の鴻準精密工業は、精密金型と機構部品の開発を担当している。精密金型と機構部品の開発は同グループの2大中核製品である。軽量化、コンパクト化および環境保護概念を追求する市場動向の中、「テクノロジーの鴻海」において欠かせないものとなった。

鴻とは「千里まで行く志は限りなし」の鴻であり、準は「全世界（四海）でも遍《あまね》く準ずる」の準である。これが郭台銘の「鴻準」に対する解釈だ。

鴻準の統括マネージャー白先声は創立当初から、前任の鴻準会長郭台成を補佐してきた。郭台成は、がんの治療期間中も白先声と共に会社の業務を背負い、競争が激しく、変化の速いテクノロジー産業でも、引き続き2桁の実績で成長を遂げた。

鴻準の株主総会で、白先声は指摘した。

「戦略だけでは不十分、適切な人才こそ肝心である。人才を探す決意として、まず研究環境から着手する。鴻準の新しいビル内の各実験室は清潔で、鴻海の生産ライン工場とはまるで違うのである」

さらに辛抱強く人才を取り込む。例えば、アルミ材料を担当している鴻準・副統括マネージャー欧炳隆は白先声から「アルミ博士」と尊称されている。彼は日本の東京大学の材料科学博士として卒業し、帰国前までは日本の業界で数年働き、キャリアと経験は申し分なかった。白先声は彼を探して8年、2005年になって、ようやく鴻準に加わったとメディアに漏らした。

人才が企業を選択する、あるいは企業が人才を選択するだろうか。実は共に「注意深く事実を確認」するプロセスである。事実確認を経てから、人才は思う存分力を発揮できるのである。

1996年華升電子（鴻準の前身）に入社して、鴻準社内から「熱博士」と称された鄭年添は、鴻準の放熱モジュールを担当した。機器の性能が高くなり、体積が小さくなればなるほど放熱の重要性が増すため、放熱技術の再考が必要になってくる。

例えばデュアルコア・プロセッサーの演算では、熱エネルギーは200%、大幅に増加する。解決策として筐体《きょうたい》にホールを開け、放熱を促進させる考えを持つ人たちもいるが、このやり方ではファンノイズのデシベルを上げてしまう欠点がある。これに対し、鴻海は材料物理の特性から、多方面より解決を図っていく。

「熱エネルギー、音声制御、磁気学、そして軽金属の応用技術は鴻準が独自に持っていない」と鴻準の統括マネージャー白先声は述べている。

だが鴻準にはシステムを整理統合する優位性があり、製品効果をより発揮させることができる。技術の整理統合の前提として人才も再編成を行うのである。

過去では筐体と放熱モジュールの利潤は高かったが、市場の競争が激しくなるにつれ、大規模な支援が必須になり、設備や生産キャパ以外では、特に「人才規模」も重要になってきた。

現在、ナノ材料研究の実験室には6名の研究員がいるが、博士2名、修士4名によって組織された研究開発のスタッフだ。このような人才の展開および結びつきは、まさに鴻海の指導者が展開する「注意深く事実を確認し、大胆に人を使う」の実例である。

郭語録34

チャンスは常に備えている人に与えられる。

周到な準備であればあるほどビジネスチャンスは拡大する

1994年、デル・コンピュータの創設者マイケル・デルが初めて深圳を視察して、鴻海を見直した。実に初めての「空港送りの機会」でもあった。マキシマ・キャピタル社会長、前デル・コンピュータ・アジア太平洋地域購買統括マネージャー・方国健は当時を振り返る。

ちょうどマイケル・デルがアジアのサプライヤーの選定、そしてアジア・太平洋地域の経営中心地選びをしていた際、選択肢の候補に深圳も含まれていたので、方国健はマイケルの深圳への訪問スケジュールをアレンジしたのだった。

当時鴻海はすでに深圳に精鋭部隊を集結させていた。方国健は深圳のシャングリラホテルで、深圳の高官と一緒にマイケルを迎えた。郭台銘も歓迎会で懸命に深圳を売り込み、もしデルと深圳が協力関係になれば、最も利益に直結するのが鴻海であることを強調した。しまいには、郭台銘は古い友人の方国健にお願いして、「空港送り」の機会を譲ってほしいとまで頼んできた。

フライトに乗る前のわずかな数時間を利用して、郭台銘はスーパー営業マンの本領を発揮して、ついでにマイケル・デルを富士康工場に案内して足早に見学させ、強烈な印象を残した。マイケルはアメリカに戻った後、予想どおりエンジニアを派遣して工場を見学させた。郭台銘も自ら彼らを中国工場に案内した。しかし、デルのエンジニアは、大量で安価な労働力を使う生産ラインを信用せず、アメリカ工場の一貫した機器作業化のプロセスに従って、生産することを望んでいた。郭台銘はアメリカのエンジニアが要求する製造プロセスに従えば、絶対に費用対効果が合わないことがわかっていたが、一刻も早く受注するために、結局アメリカに工場をつくってこの要求に応えた。

鴻海はデルのためにオーダーメードした生産ラインを用意したが、このことにより「ベアボーン」からメインボードに至り、受注チャンスの道が開けたのだ。

鴻海は注文を横取りするのが得意だと言う人もいるが、その過程ではずっと「準備」をしてきた。「空港送り」は「工場見学」して、筐体《きょうたい》の注文を勝ち取るためだったが、実際には「ベアボーン」のための準備でもあった。「ベアボーン」の受注はメインボードのための準備でもある。「準備」が周到であればビジネスチャンスも拡大するのである。

郭語録 35

現地スタッフに責任を任せよう、全人類はみな同じである。そこには黒人や白人の違いはなく、違いがあるのは、賢い者、愚か者、そして責任感のある人、無責任の人である。

お互いの目標が同じであれば肌色、種族、地域は問題ではない

2004年、鴻海はモトローラ・メキシコ工場を合併した。同社は携帯電話分野も熟知していて、また強みである製造文化を後ろ盾にしているといえども、「メキシカン」の働き方に直面すると違った局面に変わる。たとえ同一産業であっても、異文化同士のすり合わせが必要になってくる。

ある鴻海駐在員は分析した。メキシコの管理階層は、自分は半分「スペイン」の血を引いていると自負し、西洋人的な優越感がある一方、超楽天家でもある。情熱的な民族気質で物事に対応するのである。特にいわゆる「白いメキシカン」（白人系メキシコ人）は超楽

天家と情熱の2つを組み合わせている代表で、鴻海の製造専門家は必ずメキシコ管理階層の「意識レベル」から意思疎通を始めるのである。例を挙げれば、白人系メキシコ人の指導階層が全工場をシステム自動化して、某製品の最適状況は「不良率1％」を目標とし、メキシコ人もこれが生産機器と製造プロセスの「極限演出」と考えていた。

だが、会社にとって不良率1％以下は単なる基本条件にすぎない。そのため管理者はメキシコ側の幹部と意見を交換した。「我々が先に議論することは、製造プロセスの自動化に重点を置かず、彼らに生産監視システムの改善を促します」

例えば警告システムなどがあれば、早めに不良率の発生を予防できる。そして完璧な監視システムを導入することによって、さらに20％の不良率は下げられる。「我々は1歩ずつ、辛抱強くこれらの可能性を議論していきます」と鴻海のスタッフは宣言した。

だが、メキシコ幹部はまだ半信半疑の可能性もあるため、会社は彼らを直接中国などの工場を実地見学で案内したことが功を奏して、メキシコ幹部の工場改革に対する意識に「自信」を与えた。

次に奨励制度を導入することで、メキシコ幹部の改革に挑戦する意識を高め、双方が今後の経営成果の目標数値を決めて目標必達の「決意」を強化した。

お互いの目標さえ同じであれば、肌色、種族、地域はもはや問題ではない。各国の人才が責任を背負い、目標達成できれば、まさに完璧な「鴻海人」となる。

郭語録36

ストレスの源は品質、時間、コストおよび技術。

問題に直面しても簡単に諦めず、思考を通して解決する

ある幹部が困難な問題に遭遇し、郭台銘にどうすべきかを尋ねに行ったときのことだ。「ここ数日、これらの問題を思考している間、あなたの小便は黄色にならなかった?」と突然聞き返された。

このことは幹部たちに驚きを与えた。後から郭台銘はその理由を説明した。彼が日本のトヨタ自動車の2代目社長豊田英二の著書を読んだ際、こんな話が本に記載されていた。

——ある責任感の強い部下は、工場の稼働効果で問題が生じて解決できなかったため、ひたすら思考していた。脳みそをフル回転させた結果、1日目はよく眠れなかった。2日目は必ず解決しようと続けて考えたが効果はやはり良くない。結局脳を使いすぎたため、その夜もよく眠れなかった。3日目になっても、ひたすら頭脳を働かせて、何としても解

決方向を見つけようとしたが、こうして連続3日間しっかりと眠れなかったため、ついに小便が黄色くなったのである——。

「小便は黄色くなったか?」と郭台銘が幹部社員に質問したことが業界内に広まり、同社の業務はストレスが多いと噂されるようになった。

彼にとって、本来仕事にストレスはつきものであり、仕事にストレスがなければ、それは遊びである。幹部に「小便は黄色くなったか?」と尋ねたのはしっかり頭を使って問題を考え、ストレスに直面しても、簡単に諦めず、思考を通して問題解決することであると伝えたかったのだ。

「日々、誰しもがストレスを感じる。ストレスは品質への追求、時間のコントロール、コストダウンおよび技術の解決に由来します」

郭台銘は、ストレスはどうにかして問題解決しようと頭を使い、問題を思考する力を鍛えると考えている。「ストレスなしではもっと老衰が早まるね」

会長の責任として、確かにみんなの問題解決を手助けするが、それは大きな方向性の問題であり、個人で何とか解決すべき小さな問題ではない。管理者が問題提起する際でも、まず自分でも再度考えるべきである。

「小便は黄色くなったか?」と尋ねた真意は、自分が答えさえ求めようとせず、管理者に相談するのは無責任なやり方であることも知ってほしかったからである。

郭語録
37

生まれながらの貧乏人はなく、人生はチャレンジ精神で自分を練磨するのみである。

苦痛や幸せは自分がどう考えるかによって変わる

郭台銘の父親は軍警察の公務員である。マイホームを買えず、家にはソファーもなく、せいぜいしっかりした籐椅子が数脚ある程度だったが、家族全員は満足していた。

父親は郭台銘の兄弟に、「悪知恵を働かない、不義の富に手を出さない」ことを厳しく教えた。清貧に安んじ、和気あいあいとして、家庭も安泰だった。

現在の郭台銘は億万長者だが、株主総会や晩餐会でもらった財布、腕時計を使っている。彼の毎月の費用は1万台湾ドル（3万円）を超えることがない。今の携帯電話には時間まで表示されるため腕時計も着用しなくなった。

彼にとって最も楽しいことは、母親がつくったラーメンを食べることだ。それだけで十分満足する。彼の出身地は山西省だが、中国のメディアに対して、ラーメン、水餃子、蒸しパンだけで十分、何もまずくないと話した。これこそ彼の人柄そのものである。自分の性格について、物質的な享楽を追求するのは好まないと断言する。

しかし、もう１人の郭台銘は負けず嫌いの性格である。つまり難度の高い目標を定め、時間内に計画を完成するよう努める。試練を受ける心構えさえあれば、必ず成功すると信じている。

「たいてい自分を打ち負かすのは他人ではなく自分です。なぜなら放棄するのは自分ですから」

郭台銘は例を挙げた。エジソンが白熱電灯を発明できたのは、１０００通りの方法を試して成功したのである。したがって、どんな方法で成功できるかを考え、簡単に放棄するのではない。

「肩書や金銭は快楽をもたらさない。逆に努力している過程は充実感がいっぱいになる。年末晩餐会にもなれば、サツマイモ、クジラやサンタクロースに扮装しても構わず、むしろ皇帝を演じたりしない。苦痛あるいは幸せは自分がどう考えるかである」

郭台銘は何回か友人に「苦労ではあるけど、苦痛はありません」と話した。彼が唯一苦痛と感じることは不正義や不条理を見たときだ。そのときは悲しくなると言う。

郭語録38

人事管理の責務　人選、育成、活用、引き留め。

「人才」は鴻海のブランドである

「技術副統括数名募集。年俸1000万。産業の経験あり。なお郭会長が直接面接を行う」

これは鴻海グループが2006年、各主要メディアに載せた広告である。この広告の内容からわかることは、明確に賃金の基準が決められ、郭台銘自らが面接するということだ。だが相対的な条件を要求される。これが典型的な「鴻海式」で、通知は明確な3カ条広告である。まったく簡潔そのものである。

直接上級マネージャーに面接するこの広告は大きな反響を呼んだが、彼がいかに「人選」を重視しているかがわかる。会社は引き続き拡張しているため、欠けているポストは副統括の上級マネージャーであり、事業は実務経験のあるマネージャーが運営する必要がある。

だがもう一方で、「育成」も同時進行する。鴻海はＩＥ（工業エンジニアリング）学院を設立したが、その主旨は「頭脳で稼ぐのであって、労力で稼ぐのではない」といった力を育成するためである。

鴻海に残っている従業員全員は企業文化を理解し、また増え続ける営業収入を創出してきた。「人才活用」は間違いなく企業の要である。

同社の経営は絶えず各分野に手を伸ばしているため、基礎技師を加えてから素早い成長ができる。しかも人才を引き留めるポイントは賞罰がはっきりしているところにある。このことも外部に鮮明なインパクトを与える企業イメージにつながっている。賞罰がはっきりしているからこそ、不適格のスタッフは淘汰され、優秀な人才には十分な成長エネルギーを与える。チーム全体は常に戦闘態勢を維持して、個人ごとの潜在的な資質を完全に発揮できるようにすれば、優秀な人才は自然と残り、共に奮闘するのである。

鴻海に入った社員は、絶えず訓練を受けるだけでなく、同社がグローバル展開の中で培ったマクロ的な視野を加えて優秀な人才に育てられる。それだけに鴻海を辞職した人は業界から引く手数多なのである。鴻海は単に製品製造で名高いだけでなく人才でも名高い。「人才」は鴻海のブランドでもあるのだ。

郭語録
39

鴻海人才活用哲学
1. 品格
2. 責任感
3. 働く意欲

人才登用を考慮する際の第1基準は品格

「年間の購買金額は1000億台湾ドルの規模に達する」とグローバル購買長熊宇飛は予測した。

品格は常に鴻海が人才登用を考慮する際の第1基準であり、購買スタッフとしてなおさら第1要件になる。なぜなら、購買スタッフ1名が毎月手がける金額は少なくとも数百万、多いときは数千万、ひいては数億台湾ドル以上の購買業務に従事しているからだ。その他の能力は後からでも育成できるが、品格は自ら磨いていくものだ。

同社購買スタッフの最大の強みは、すでに多くのOEM請負領域で、上流から下流まで垂直統合できる能力を備えているため、部品サプライヤーに対して値段交渉で優位に立てるところだ。まだ統合規模を具備していない領域であっても、同社が持つ対応力は、相対的に値段交渉力を高めている。

購買スタッフの責任感、自社の強みをうまく活用するだけでなく、最大限に力を尽くしている。会社のためにより多くの利潤を創出することも購買スタッフの責務であり、怠ることはできない。もう一方で、購買項目と領域は多岐にわたっているため、また景気、季節性需給により大きく変動する。もし固定した労力で個別対応すれば、企業資源の浪費につながってしまう。熊宇飛は「そのため柔軟にグループ分けして、特別案件の方式で絶えず変動する購買需給に応じて、組織の労力の運用を最大限に発揮すれば、拡大し続ける市場規模に対応できる」と述べる。

鴻海の拡大スピードは飛躍的であるため、その他の馴染みのない産業に対して、経験のある購買の達人に奮闘してもらう必要がある。

だが同社では購買経験のある人に限らず、新人が担当することも可能だ。新人が入ることによって組織的な臨機応変の訓練、特別案件のグループ分けによるプロセス操作を通して、購買スタッフ全員が一定期間を経た後、百戦錬磨の購買の達人に成長してくる。

積極的に調達情報の変化を敏感に感じ取り、購買コストを下げて優れた貢献などを行った場合、いずれも加算され、さらに年度の査定項目にも組み込まれる。年末には個人実績を評価した上で奨励するのである。

郭語録
40

堂々たる阿里山の大神木は4000年前の種が蒔かれた時点から決められていた。

困難から潜在能力を引き出し、試練からチームをつくり出す

「西門町（台北市の有名な繁華街）に植えなかったから世話されずにいたのではなく、広々とした場所に植えたので、寒さや寂しさにも耐えられたのである」

郭台銘は、なぜ4000年の神木は種が地に落ち、萌芽した時点で決められていたかを各地で「神木説」を解釈してみせている。

彼は環境の困難と変化にはチャンスが満ちていると阿里山の神木を例に挙げて説明する。企業にとっても「競争」「挑戦」、そして成長拡大の「機会」は共存している。逆に助けが多すぎては、ものにならないばかりか大変な害を及ぼす。

彼はしばしばイエローストーン国立公園のハトを引き合いに出す。

「アメリカにいた数年、私たちは毎年夏になると家族でイエローストーン公園へ遊びに行

った。娘はハトに餌をやるのが大好きだった。ある年のこと、ハトに餌を与えてはならないという禁止看板を発見し、私はおかしいと思って、管理人に『なぜか？』と聞いてみた」

管理人は、前の年の冬、大雪が降った後、ハトは全羽死に絶えたと話してくれた。ハトは日ごろ人間が与える餌に慣れてしまったため、自分で探す能力を失い、結局冬には餌をやる人がいなくなって、冬を乗り越えることができなかったのだ。

困難から潜在能力を引き出し、試練からチームをつくり出す。

前デル・コンピュータ・アジア太平洋地域購買統括マネージャー方国健は台湾IT業界に20数年従事したが、「他のIT業界の指導者が人才を育てるのと比べ、郭台銘は大将たる器（将才）を育成する」と、今日の鴻海の人才に対する重視や活用について、ひと言で言い当てた。

0点から90点をとるのは簡単だが、90点から100点をとるのは難しい。これは一般的な見方である。しかし人才をうまく活用し、人才の潜在能力を引き出し、鴻海の大将全員が積極的に困難に挑戦し、能力を高め、思う存分発揮すれば、鴻海は90点から成長し続けて200点になり、400点、800点にもなる。もはや外部は郭台銘の「営業収入2兆」の目標達成を疑わなくなったのである。

郭語録
41

厳しい師匠のもとから優秀な弟子が出る。

厳しい上司を選ぶのが自分を成長させるコツ

戦争映画の中で、出撃前に指揮官がパイロットを集めて戦術を解説すれば、誰もが精神を集中して拝聴する。

郭台銘はこの例を挙げて説明する。

「指揮官が戦略を講じているとき、集中していないパイロットがいれば罰として立たされる。しかし彼が立たされているとき、指揮官も同様に立っている。立たされていることは、ただ単に罰則を受けているのではなく、こんな大事なときこそ同僚には仕事内容をはっきりと覚えてもらいたいという願いが込められている。就業前教育がはっきりせず、あるポイントで漏れたりしたら、大きな影響を与えてしまう。上司を選ぶときは、厳しくて厳格な人であればあるほどついていくべきだ」と声を荒らげて言った。

一般的な専門マネージャーが主導する会社は、投資する相手かどうかを全世界で検討している。なぜなら多くのハイテク企業はしばしば最高責任者を代えるが、郭台銘のように1カ月16万台湾ドル、1年に14カ月分の報酬をとって、しかもこの16万は月曜日から土曜日まで働き、残業手当はなく、奨励金はなく、年末賞与も含まれない中、主に自分の株券の成長を当てにしている。

郭台銘は「だから我々のような会社は投資すべきである」と言う。

しかし、郭台銘は模範を示し、先頭に立って突き進む厳しさを持つ一方で、従業員を激励することを忘れない。

鴻海が日本のトップメーカーのノート型パソコンを請負生産したとき、特に従業員に対して、累積1000万台達成できたらハワイで打ち上げをすると公表した。しかもハワイのマウイ島を指定して従業員の士気を高めた。

郭台銘は「私が賞金を与えるときは、人員削減をするときだ」というもう1つの人才活用に関する名言を残した。褒美があれば処罰もある。

「会社が損してから人員削減をするのではないから」と強調した。

第3章

柔軟性

企業経営では、制度と柔軟性からどのようにバランスを見つけるかが重要である。

On Resiliency

柔軟性とは何か

いわゆる「柔軟性」とは、市場変化に対応することと解釈すればいいだろう。デル氏はかつて著者『DELL世界最速経営の秘密』中で、「我々がサプライヤーに求めるキーポイントの1つは『柔軟性』である」と説明した。グローバル・ブランド顧客はサプライヤーに対して「高速の生産キャパ」を要求するだけではない。さらに「柔軟的に計画（出荷）」を求め、市場成長に合わせた数量調整ができることを望んでいる。

デル社の購買スタッフがサプライヤーと商談するとき、「我々の予測では、現在は部品470万個の需要見込みだが、580万個に増える可能性もある。生産キャパはどれぐらいですか？　工場を1つ設立するのにどれぐらいかかりますか？　あなたたちにできますか？　我々は生産キャパの何割を消耗しますか？」とサプライヤーに確認する。

デル社は初めからサプライヤーに対して、毎年の成長は50％まで達すると説明しているが、デル社のニーズが生産請負工場の生産キャパを過度に占めてはならない。サプライヤーとデル社自身のリスク要因になってはいけないからだ。

こういうときこそ、サプライヤーの柔軟性が問われるのだ。例えばパソコン市場の製品ラインアップにおいて、15インチスクリーンから17インチに変わるタイミングが当初の予測より早い、もしくは15インチの需要が増えた場合、この際、サプライヤーはどのように対応すべきなのか。

一方、デル社の業務は3年計画に従って進めるため、サプライヤーにも3年の生産キャパ計画の提示が求められる。

「計画」と「変化」の狭間で郭台銘は指摘した。市場や顧客のニーズの急激な変化につれて「サプライチェーン」は、絶対に短いほど市場の変化に追いつけるのである。

いわゆる「短」とは、狭義的な時間や地理的な定義ではなく、対外的には、顧客の考えを即座に理解して、しかもすぐにアフターサービスの提供ができることだ。対内的には、臨機応変に対応できる組織と執行力である。

このような前提条件のもと、2005年から、鴻海のサプライチェーン構築にも真新しい見解が出てきている。これにはグローバル設計サービス、グローバル技術支援およびブランド流通促進などが含まれている。

郭語録 42

象がダンスしたのは減量したからではなく、明晰な頭脳で正しい道を選んだからだ。

ネットワーク経済では情報を共有することが非常に重要

ビッグブルーことＩＢＭが成功するために改革したことは、大企業の硬化した限界を突破するモデルとなった。当時のＩＢＭのＣＥＯルイス・ガースナーはその著書『Who says Elephants Can't Dance』（邦題『巨象も踊る』）の中で、ＩＢＭという世界最大のコンピュータ関連会社を巨象にたとえ、その象も俊敏に変わることができると説いている。

郭台銘はこう指摘する。「今の企業は成功の条件に規模の大小を問われないが、能力と柔軟性を必要とする。小企業の利点は容易に柔軟性を持てることであり、大企業の長所は一定の規模の経済能力を備えていることだ。ゆえに、企業経営に重要なことは制度と柔軟性の間でどうするかであり、そこから１つの平衡を探すことである」と。

巨象のような大企業を、もし敏捷に経営しようとすれば、必ず非常に優れたネットワークシステムが必要になるだろう。IBMのようにハードウェアの製造販売とソフトウェアの製造販売を同時に行う場合は、所有部門の功能を最良の情報ネットワークで直接接続することによって「踊る巨象」をつくり出している。

郭台銘は巨象のように重くてかさばる動物と相対する蟻のようなある種の標準的なネットワーク経済型動物の例を挙げる。

砂糖を見つけた1匹の蟻はそれを運ぼうとしても動かない。そこですぐに仲間で一大軍勢をなして運んでいく。迅速に運搬するネットワークシステムが構築され、それは「蟻の軍隊」ということができる。

グローバル化の時代の中では、蟻も存在でき、巨象も存在できる、と郭台銘は認識している。ネットワークによって非常に多くの小企業が容易に「蟻の軍隊」を組成してしまうが、1つの大企業にとっては、それは悪いことではない。かえってその神経系統をさらに敏感にしてくれる。

鴻海のように世界15以上の国に工場がある場合、同社の持っている原料の統制担当は、皆企業ネットワーク内での原料の需要を見つけ出すことができ、内部にあるたくさんのメッセージは短時間で全世界の隅々まで届けることができる。

同社は、製造生産システムの上中下流の各単位の製造部門において、それぞれ違う材料と製造過程を有している。原料に責任を負い、型をつくり、成型加工をし、塗装をする。

過去には顧客から注文を受けた後、しばしば部門から部門へと情報を受け渡したが、現在は各部門で同時並行的に情報を受け取り、早い準備をし、方向を整えている。

郭台銘はこれを「大昔の列車を待つ様子」とたとえて言う。昔は列車がホームに入る直前で、人々が乗る準備し始めた。現在は列車がまだ3駅~5駅前のときに、およそ15分後に列車が到着すると予告している。当然この15分の間に乗客は他の用事をすませることが可能だ。

ゆえに、ネットワーク経済の時代の中では、情報を共有することが非常に重要であり、鴻海のように各段階、各部門の情報を共有し、現在は同時並行することもできる。仕事を処理する弾性も速度は非常に強化され、1つの方向に前進していく。

郭台銘は「巨象の踊り」さえできれば、蟻のような素早い行動も可能であると説明している。

郭語録

43

計画は永遠に変化に追いつかない。変化は顧客の1本の電話に抵抗しえない。

変化し続けることが大切

「未来のパソコン業界は快速・変化・的確の産業となる！」

郭台銘はパソコン業界の未来図がこうなることを信じて疑わない。それこそ鴻海が意図的に「変化」に対応する能力を培わなければならない要因である。なぜならパソコン業界を取り巻く環境や市場の変化は非常に速く、当初に立てた計画に比べても速い。しかし市場や産業の変化は、社長室からの1本の電話に及ばない。外部の変化は郭台銘を啓発し、さらに彼自身が多くのアイデアを出すこともあり得るからだ。

顧客の要求を達成するということは、生産数量や種類だけではなく、納期やアフターサービスまでが含まれる。かつて鴻海は最先端技術商品の製造を受注したことがあった。従来の製造方式ではより低コストで生産できるが、生産計画通りの船便を用いて納品すれば、設定された納期に間に合わない可能性が出てくる。そのため、最終的には航空便で至急に顧客の手元に届けることを決めた。かさんだ送料はもちろん自社で負担した。

アフターサービスに関しては、たとえ現在の製品の品質に問題がなくても、電子製品のカスタマイゼーションサービスが多くなっている関係で、各種の部品や様式の手直しにもアフターサービスは必要である。これも企業の柔軟性の表れである。

内部文書である『郭語録』にも「経営安定の創新力は、顧客満足度を強化し、新製品の開発速度を向上し、新製品の営業収益の社内における比率を増加させることである」と、明示されている。

市場の速い変化とニーズの激増に直面し、すべてに迅速に対応しなければならない。したがって場所は変わり、製品も変わり、任務も変わり、組織も変わる。そんな同社において唯一変わらないのは「変化し続けていること」である。

郭台銘は明らかに会社の「変わりやすい能力」を誇りに思っている。合理的な範囲内で組織を変化させていかなければならないと考えているのだ。テレビのボタンやプラスチックキーボタン、コネクター、ベアボーンはつくってから2〜3年ごとに変化する。企業が市場に合わせて変化することはリスクが伴うが、変化に成功すれば、組織と個人はさらなる高みに上がっていくものである。

郭語録

44

一に理、二に情、三に法。

まず「道理」、次に「情」、最後に「法」

郭台銘が社用車に乗って顧客を訪ねたとき、事故に遭ったことがある。社用車がオートバイに接触し、オートバイはペシャンコになった。郭台銘は車を降りてオートバイのライダーに1000元を手渡して修理させた。また彼の車と中華郵政の車が接触したときも、郭台銘は保険に入っていたから、それ以上は問題にしないことにした。

さらに郭台銘のベンツ300とベンツ500が接触した事故のとき、郭台銘は車を降りて、どちらが悪いのか、事故を起こしたのは誰の責任かを追及した。強権を恐れず、公義を実現する。これが彼の個性である。

郭台銘は関羽を崇敬している。関羽は武芸と財産の神様で、彼と同じく山西の人である。彼は関羽に香を捧げるとき、自分の行いは良心に背いていないかを見直し、反省する機会だと考えている。

仕事の際、彼は幹部との間にある約束事をしている。1回目の過ちは、理由があるなら処罰はしない。2回目の過ちは、ちゃんとした理由がなければ処罰する。ただし処罰の前に当時の状況を見直し、理由を考慮し、最後にようやく法的見解で解決する。

ビジネスにおいても、まず「道理」を重視しなければならない。道理とは何か？「会社の最高の利益は、まさしく私の道理である。道理に基づいて話し合う。通じなかったら情で動かせる。それでもだめなら法的手段を講じるべきだ」というのが郭台銘の持論である。

彼の順序は、まず「道理」、次に「情」、最後に「法」なのだ。

実際鴻海は全台湾で最強の商務法務部門を有し、500人以上の弁護士を抱え、特許弁理士や合併、買収に関する法律の専門家もいる。法務部門のスタッフは法的バックグラウンドのほか、工程においては、材料科学や機械工学、電子工学、化学等を包括している。その中に台湾人は30人足らずで、その他の人は世界各国に分布している。まさしく小型の国連のようだ。

郭台銘は、鴻海が買収すると決めた会社は、1週間以内に法律的手続きを完了できると思っている。しかし、意外にも彼は現代人が法律を強調しすぎていると考えているフシがある。

中国の伝統社会では、一般人は「情」「理」「法」の順に重視し、純朴な農業社会では人情こそが最も重要な維持する力である。だからビジネスにおいても「人脈」が生まれてくるが、現代社会では、一般的に「法」「理」「情」の順に重視し、法は社会規則を維持する最も重要な要素である。

ビジネスではお互いの信頼関係がまったくない状況下で、厳格な法律の条文を定めた契約書を交わすが、郭台銘は「世の中には完璧な法律などはない。だからこそ連携は誠意と信用を基礎にしなければならない。人情の中では魚が水を助け、水が魚を助けるように、連携関係をさらに順調にする。法律は最後の手段にしなければならない」と考えているのだ。

郭語録
45

発展の根本は「臨機応変」な執行能力の上に築き上げられる。

「応変」の能力こそが発展の根本となる

「すべての企業には表から見えない危機がある。問題はその危機を処理する能力があるかどうかだ」

2005年から毎年30％以上の成長発展を遂げ、最も順調な時期にあった鴻海だが、このときに郭台銘は幹部に対して「応変」の能力を持ち続けなければならないと注意を促した。なぜなら応変の能力こそが発展の根本となるからだ。

この間、金属・原油の価格は数倍に高騰し、事実上、会社を取り巻く環境は絶え間なく変化していた。この事実をはっきりと認識しなければ、その後の発展は止まってしまうだろう。唯一変わらない真理は「変化そのもの」である。この変化し続ける環境下で、同社はどのように発展してきたのだろうか。

対外的には、戦略的パートナーとの関係だ。例えば鴻海は1年に数十万トンの鋼鉄を消費するが、1社のサプライヤーのみから購入していた。その1社とは互いに緊密な関係を形成した。たとえ鋼鉄過剰の時期に多くの鋼鉄会社がその会社よりも安い価格で供給すると言ってきたとしても、その会社との協力を堅持し続ける。

よい戦略的パートナー関係は、最も困難な時期のお互いの協力によって構築される。2005年からの原材料費の高騰によって、鋼鉄の供給量や価格が大幅に変化した。鴻海の競争相手も含めて鋼鉄の購入が困難になる中で、もとからの戦略的パートナーであるサプライヤーはいつも通り鋼鉄を供給し続けた。

サプライヤーと長期的に築いてきた戦略的関係を固持していれば、外部の環境が変化しても恐れることはない。戦略的パートナーと相互に協力・支援をすればするほど、外界の変化に対応でき、さらに長期発展の礎となる。

対内部分については、郭台銘は3年ごとに大幅な組織の調整を行う。彼にとって「変化」は組織が大きくなった会社の官僚化を防ぐ良薬であると言う。

急激な成長時期では、郭台銘は人を同じポストに長く置かない。任務が完了すると、ほかの地で戦わせる。あるマネージャーは「すべては効率がものを言う。役に立たない部署はすぐに切り捨てられる」と述懐した。

郭語録 46

地震が多いところの人々は警戒性が高い。

違う部門で練磨すれば異なる角度から物事を見ることができる

業界の大きな変化に直面した際、鴻海はもっぱら組織内部で「高度な警戒」の意識を培っていた。

郭台銘は地震が非常に多い地域、花蓮の人（花蓮、台湾東部の町）の警戒心は他の地方に比べて高いとたとえた。同社の組織においては絶えず「地震」が起きていると言ってもよい。1998年に3つしかなかった事業グループは2005年に9つもの大きな事業群を形成し、組織はものすごいスピードで変形している。

内部組織の不安定性は、鴻海のスタッフを環境変化に対し、「敏感」に対応させる。スコットランドから中国に来てトレーニングを受けたマネージャー、マーク・ベッケルは、かつてヨーロッパのエンジニアを引き連れて中国の龍華工場で半年間の研修を受けた。

彼は「フォックスコンが私に与えた最も深い印象はその柔軟性だ。例えば私のオフィスなんかは1カ月に4回も移動した。ヨーロッパだったらストライキを起こしているだろうね」と語っている。

3年のうちに3つの事業部署に転任することも同社では日常茶飯事である。もしかしたら1人のセールスマンが携帯電話、コネクター、ゲーム機などの異なった製品を売った経験があるかもしれない。同社では、このように違う専門分野でも領域の垣根を越えて仕事をすることができる。

鴻海のスポークスマン代理である李金明の専門は財務だが、彼は中国の保税工場を推進した主要人物の1人であった。しかしヨーロッパにおいては、このような仕事は法務部門が行うものである。

実のところ、違う部門で練磨することによって、異なる角度から物事を見ることができるようになる。このような多元的に統合する能力が、鴻海の責任者たちに「柔軟性」のある作業能力を養うのである。

郭語録 47

責任者は毎日何をすべきか？　戦略を定め、組織をつくり、人材を配置、システムを構築することだ。

責任者は毎日「全方位思考」ができなければならない

グローバル化の時代、郭台銘は各部門の責任者に毎日「全方位思考」をすることを要求した。そして、「戦略を定め、組織をつくり、人材を配置、システムを構築する」ことは責任者の体系的な思考と執行を助ける。

同社の全体的計画戦略は非常に明白である。世界において計画を実践していくには、最速の時間と、最低のコストで顧客を支援するほかない。工場設置の規模から見れば鴻海も戦略を定めるところから一定の評価のステップを持っている。

まず郭台銘は各部署の責任者に対し、最初の問題として、海外で工場を設置するときにはコストが必ず中国から出荷するより低くできるかを問う。もし必要であるならば、大軍を毅然と出動させる。

事前に必ず聞くのは、どうしても工場の設置が必要であれば、どこが最も完璧な場所であり、どこが経済効果と利益に最も合致するか？　ということだ。そして、これらの質問に責任者が回答する前に、必ずそれが長期的戦略か短期的戦略かを確認する。もし長期であれば、会社の未来発展の戦略と極めて深く関係し、親会社との関係はさらに緊密となる。もし短期であるならば、投資の方式は違ってくる。例えば、鴻海は当初スコットランドに工場を持ったとき、土地を買わなかった。地元の工場設備を借りることを主とした。スコットランドの主な役割は中継地であると考えたからだ。

いわゆる「戦略」とは、まず「方向」があり、次に「時機」を見据え、最後に「程度」を確定する。世界においての配置計画にしても、ヨーロッパ方面に進出することは果たして正しいのか？　もし正しいのであれば、いつ進出すればいいのか？　これが「時機」の問題であり、たった半年の差で結果はまったく違ってくるかもしれない。工場設置後の「投資程度」はどのようにするのか、手順はどうするか、それさえ確定すれば全力で前進する。

最後に考えなくてはならないのは、新たに工場を建設するか、それとも買収合併の方法が最も完璧であるか？　ということだ。「戦略」についての考慮が終わったら、「組織を構築」するプロセスが始まる。鴻海の工場建設のスピードは速いが、生産ラインがますます多元化・複雑化していることに関連し、買収・合併の方法を用いてもとの体系的戦闘能力を維持することも世界における進出計画のやり方の1つである。

このような論理があれば、各事業部署は異なるレベルで考慮できる。現地に工場設置することが必要かどうか、通常新しい市場に進出するとき、同社はまず2人のスタッフを派遣する。1人は「文週邊」の系統から、もう1人は「武週邊」の系統からのスタッフでその市場に対して評価を行う。「文週邊」とは法務・関税・財務あるいは情報系統のスタッフを指し、工場建設のコストを評定する。「武週邊」とは工場建設・技術・生産ラインのスタッフを指し、生産能率の計画、現地人材の実力を評価する。その両人の研究報告を整理統合後、具体的な海外工場設置の「人力配置」と「システム構築」を始められる。同社が迅速に世界進出するカギは、産業の分業趨勢に沿って、顧客と一緒に世界に進出していくことである。しかし、郭台銘が指揮棒をとれば、万里の外に順調に稼働する工場が手品のように出てくると思ってはならない。なぜなら、同社のスタッフの困難を恐れない冒険精神を過少評価していることになるからだ。

鴻海はヨーロッパ進出のとき、現地労働組合の排斥、マフィアの破壊、および中国メーカーに足を引っ張られることがある。しばしば遭遇する3つの問題である。しかし、「鴻海人」は一貫した執行力を発揮し、工場を速やかに稼働させることができる。これこそが同社が世界進出計画を実践できる真の実力なのである。

郭語録

48

個人化時代の到来、製造業もサービス業に学ばなければならない。

顧客が求めるものは標準化された製品ではない

20数年前、アメリカのマクドナルドがセットメニューを主力商品にし、店に入れば、メニューの番号を選ぶだけで好みのハンバーガーを食べることができるようになった。

ある日、郭台銘は店員に「チーズを抜くことはできますか?」と聞いた。すると店員は「食べないのでしたら自分で取り除いてください」と答えた。ところが、数あるマクドナルドの中で、アラバマ州にある店の1人の女性アルバイトだけが「できます」と言った。すでにハンバーガーはでき上がっていたが、彼女は目の前で包み紙を開き、チーズを取り除いてからきれいに包み直したのだ。

郭台銘は思い出しながら考えた。たとえ会社に決まりがあっても、お客さんがチーズ抜きを求めたなら、まさかそれだけで商売が成り立たないということにはなるまい。彼女が扱っている商品はすべて規格化された品物である。しかし客の面前でチーズを取り除くことができた。これこそ「柔軟性」というものだと感慨深げに語った。

したがって、個人化時代の到来によって、数多ある製造業もサービス業を始めなくてはならないだろう。なぜなら顧客が求めるものは標準化された製品ではないからだ。

郭台銘は次のように予測する。

ネットビジネスの台頭は、中小企業に有利であることは紛れもない事実である。原因は非常に簡単で、個性化に対するニーズに伴い、誰でも自由にネットの世界を跳び回って歌を選び、また作品を発表することもでき、そして世界であなただけの携帯、世界であなただけの車をつくることもできる――。

しかし、1台の自動車を製造するには一定の規模がなければ困難である。また1台の携帯を生産するには、購入数量が十分でないと、低コストの有利性を出すこともできない。つまり、柔軟性と規模の間のバランスが求められているのである。

郭台銘は、十数年前に読んだ管理学界で非常に有名な本『關鍵時刻』（邦題『真実の瞬間』）について触れた。あるイギリスの有名な航空会社の航空機のネジが緩んだ椅子の話である。そのネジが女性客のストッキングを引っかけた。この1本のネジのため、飛行機が空港に到着後、客室乗務員は報告書を書いた。その報告を受けた人は、どのネジが乗客のストッキングを破ったかと尋ねた後、再び上司に報告した。マネージャーが報告書に目を通した後、このネジを締めるように指示した。その後、この報告書を工程部・安全部・客室乗務部等の部署を経て3カ月間調査したところ、このネジのせいで20人以上の乗客の苦情を受けたことが判明した。この会社は統計分析で、このネジが多くの危害をつくり出したことに気づき、関連部署はネジの解決方法について会議を開いた。

そうした中、ある客室乗務員が自分の爪切りでそのネジを締めた。この問題は彼女が解決したという内容を社内に報告した。

郭台銘はこの本を読み、次のように分析した。多くの中小企業は徐々に大きく成長していくが、大企業は成長する過程において、「管理」のプロセスを経なければならないために、すべての行いを規範する制度をつくる。しかし重要なのは、制度と柔軟性の間、顧客とサプライチェーン（供給連鎖）の間をどのようにバランスをとっていくかである。

郭語録
49

セールススタッフの職責：正しく顧客を選び、分類する制度をつくること。クライアントとの関係の序列をつけること。新商品開発の機会を見つけること。競争相手の分析をすること。注文を勝ち取り、顧客のプロジェクトに合わすこと。品質、時間、分量が適切である商品を納入すること。設計、生産、実際使用の品質サービスを完成すること。忠実に情報を伝えること。費用を集金すること。

我々は顧客自身よりも顧客のことを気にかけている

郭台銘は創業以来、自ら第1線のセールススタッフを担当してきた。そのため特にセールス従業員に対して、成功する第1歩のために次のようなアドバイスをしている。業績を向上させるには、「クライアントを選ぶ」ことから始める。この「クライアントを選ぶこと」は実のところ、競争戦略の一環である。第1歩とは、まずその顧客は鴻海とライバル関係が発生するかどうか、あるいは鴻海製品の低価格で高品質の恩恵を受け、自社に頼っている顧客の競争相手に利益をもたらすかどうかを研究するのである。

郭台銘はかつてメディアに向けて、「クライアントを理解するため、例えば、長期的野心があるかどうか、未来の戦略は何か、憧憬は何かなどを知るため、多くの時間を費やした」と明かした。

ライバル関係がない、あるいは潜在敵対可能性がないという確認ができたら、次にクライアントの「潜在能力」を評価しなければならない。「潜在能力」というのは、その顧客の市場における優劣、位置づけと直近の戦略を含む。競争能力のある会社と位置づけたときは、鴻海は全力でサポートすることができる。郭台銘はたとえ少額の注文でも、クライアントを選ぶことはとても重要であると言う。「わずかな注文でも私たちが喜んで受けるのは、クライアントを見込んでいるからだ」と確信している。

同社が早い段階で巨大企業に成長した主な理由の1つは、外国のグローバルな大工場こそ、国内顧客の「顧客」であることを見込んだからである。

将来、壮大な企業になりたければ、これら外国の大顧客を直接経営する実力を持たなければならない。初期においては、台湾国内の顧客と比べれば困難がつきまとうが、未来業務の基盤になるのは間違いない。

最も肝要な1歩は規模を比較することである。「実のところ鴻海がターゲットにする顧客の基準は非常に簡単だ。市場占有率30%を超える顧客である」とシティグループ証券楊応超アナリストは分析している。

例えば鴻海はクライアントをランクづけし、第1位はグローバルなブランドで市場占有率トップ4の会社である。第2位は5位から20位の会社。第3位は地域的な市場をリードするような会社である。第4位は配給流通業者等というように順次クライアントを選別し動向を把握している。

しっかりとセールスを営み、グローバル級レベルの顧客を受け止めることは、郭台銘に世界レベルの経営ノウハウを学ばせた。そうすることにより、大企業の動向をイの一番に把握することができた。「こうしたノウハウも鴻海の運営スピードを加速したのだ」と楊應超は語っている。

「我々は顧客自身よりも顧客のことを気にかけている」

これは郭台銘が2003年に株主総会で言った名言である。その真意は、市場変化を理解し、顧客が求めてくる前に、必要な差別化戦略を備えておくということだ。さらに深く分析すれば、製品の品質と技術の同質化がはなはだしい今日、製品自体の差異はすでに大きくない。サービスはかえってブランド大企業が勝ち上がるカギとなる。

鴻海が「販売通路サービス」を提供した目的は、顧客の悩みや不安を取り除くためであった。

郭語録50

どの会社でも2つの課題を成し遂げなければならない。新製品の開発+生産と消費の平衡。

鴻海の勝利の方程式

「もし我が社のセールススタッフが、我が社のものは他のものより安く、納品も他より速いと単に説得するなら、私にはこのようなセールスは不要である」と、郭台銘は会社の幹部に言った。そして新製品開発の初日から、製造の時間と顧客のニーズをしっかりとつかむように要請した。そのためセールススタッフに必ず「工程服務(エンジニアリング サービス)と『生産製造過程』をはっきり知らなければならない」と求めている。

彼は幹部に対し、「技術の発展は非常に速く、セールスには産業に関する深い知識と製品の優劣を分析する能力が要求される」と説き、「明瞭に他社との違いを語れ」と熱弁をふるう。

携帯営業部門のスタッフに対しては、すぐに取引先の誰がオーダーを決めるキーパーツンであるかに気づくことが非常に重要であると説明した。「もし顧客の権力組織図をはっきり描かなかったら、ボスから大目玉を食らうに違いない！」。そして、顧客の内部の権力構造の変化を理解することは同社の情報収集、戦略を立てる第1の要務であることを説いた。

セールススタッフのノートには、キーパーソンの家庭状況、子供が何人いるか、趣味は何かなどが明白に記されている。顧客に対しては、「彼を知り、己を知れば」に徹し、顧客の動向を理解することは、同社が「百戦危うからず」で必勝してきた原因の1つである。「我々はいかにして勝つか？」——戦略企画スタッフはまず、製品の1つ1つの部品を分解し、その中の数百個の部品の上下流関係やコスト構造や供給状況を分析してから、どのやり方で相手を一蹴するかを決める。

新製品の開発＋生産と消費のバランスをきちんと計算していれば、会社の業務成長は同時に「この産業の最大を成し遂げる」、そして「新たな領域へ踏み込むこと」になる。特に新しい領域に踏み込むとき、鴻海も絶えず検討を加える。そして謙虚に、さらなるよい人材を招聘する。郭台銘とのビジネス経験があるCEOは、「彼の『気迫』は、実を言えば新たな領域へ踏み出した後の『太っ腹』である。ヘッドハンティング、生産ラインを建てるなど、顧客も感服せざるを得ない」と感嘆する。

郭語録
51

システム＝プロセスフロー（作業の流れ）＋ドキュメンテーション（文書化）（文書管理）。

簡潔化の方法は「合理化」「標準化」「システム化」「情報化」である

鴻海最大の生産拠点である深圳龍華工場。ここでは中国で最も効率的な「システム」を見ることができる。

深圳海関（税関）は毎日平均して2万5000個のコンテナが進出し、「天下第一の税關」と呼ばれている。当時深圳海関のトップは留学経験のある龔正が担当していた。彼は2002年に新制度である「電子口岸（E-port）」のオンライン「流れ」を進めた。

審査規格の基準を定めるため、まず企業の輸出額を1億米ドル・5000万米ドル・3000万米ドルの3種類に分け、それぞれ違う審査基準をつくった。さらに「空車」「転関（転送通関、税関転移）」「通関」など異なる状況を細分化し、ICカードを用いて通関チェックを行うようにした。

新式の「流れ」の概念が生まれた後、深圳フォックスコングループの「鴻富錦保税工場」が中国における電子的通関処理システムを最初に果たした工場となり、中国税関の「聯網監管（税関の相互をつなぐ電子的情報通信システムで監視管理）」の方式で、ＥＤＩ電子データ交換による通関システムを通し、項目の巨細漏らさずに書類の作成を行い、深圳海関とフォックスコンは直接つながっているわけである。

簡単に言えば、貨物を税関に入る前に通関手続きはすでに始まって、税関職員もパソコンから申請の書類を把握でき、進んで抜き取り検査を行うことができる。龔正は自信たっぷりに言う。「企業はオフィスから出かけなくても通関手続きを完成できる」と。

彼は平均年齢が29歳の深圳は活力とスピードに溢れ、鴻海の企業文化によく似ていると言う。パソコン大工場における「グローバル化」システムは、顧客に「速度ある」サービスを提供できるようなチャンスを会社に与えた。このチャンスを活かすため、鴻海は「簡潔化」を通して効率を高める。

郭台銘はよく幹部に対して「簡潔化の対象は、顧客、部品番号（Part No）、流れ、管理戦略、組織構造である。そして簡潔化の方法は『合理化』『標準化』『システム化』『情報化』である」と説いている。

郭語録
52

鴻海の4大管理システムとは技術管理、品質管理、生産管理、経営管理。

全員が執行力を発揮することで「4大管理システム」を貫徹する

2004年、鴻海はノキア最重要の部品サプライヤーであるフィンランドEimo Oyjを買収合併したのち、南米ブラジル・マナウスにおけるEimo Oyjの生産ラインも同時に接収し、ノキアにとって南米で最も重要な生産基地を支援した。これも鴻海がブラジル市場に参入した始まりであった。

外資研究報告によれば、これはちょうどラテンアメリカの携帯電話市場が急激成長した時期で、顧客の需要を満足させるべく鴻海は全力を尽くした。生産ラインを全開稼働し続けるために、郭台銘はすぐにヨーロッパ・ハンガリー工場の統括マネージャー周朋を派遣し、彼のチェコおよびハンガリーの工場建設や運営経験を借りて、ブラジル工場の建設を任せた。

同社が海外で迅速に運営できたのは、主に4つの管理（管制）システムに依存したからだ。それは、技術管理（技管）、品質管理（品管）、生産管理（生管）、経営管理（経管）の能力である。

「どこにでも行けて、行けば即対応できる」――これは郭台銘が海外派遣している管理職に対する要望である。

2005年2月末、フォックスコン・ブラジル統括マネージャーとなった周朋は、マナウスに着くや否や、「四方開戦」を実施した。工場を改築しながら、客先には継続して出荷する。新規工場を建設する土地を探しながら人も探す。つまり技術管理、品質管理、生産管理、経営管理を全面的に執行するのである。

周朋はかつてヒューレットパッカードで15年働き、品質管理から研究開発、マーケティングおよび生産など、さまざまな業務経験を積み、一挙にハンガリーで3000人の拠点を築き上げた。ところが、ブラジル・マナウス工場は当初の従業員数300名、10数台の生産設備のみであった。このような状況の中、「生産管理」を強化しなければならないため、彼の頭髪は半分白くなったほどだった。

もとの第1工場で建屋を増築できない状態だったが、まず工場内の倉庫を移動させ、塗装生産ラインを増設した。そして生産ラインの計画を見直した結果、意外にも当初と比べて数倍もの設備を入れることができたのである。

「キーポイントは、原料をセンターで配合する概念で設計したことです」と、フォックスコン工場長鄭人豪は述懐した。さらにロボットアームによる生産を加え、製造プロセスごとの連携や配置の効率を最大限に発揮して、「技術管理」の目標を達成した。

もう一方で、持続的、かつ迅速に量産出荷するため、最も重要なのは、並行して金型をメンテナンスできる能力を構築することで「品質管理」に対する要求を満たすことができる。

工場設立、設備移動、納期間に合わせての業務、鴻海の人間はこれを「武周辺」と称し、さらに複雑な挑戦が「文周辺」である。「文周辺」は税務、貿易実務、財務および法務などの問題を含み、「税務の問題だけでも、ブラジルは毎年、毎月でさえ変わり、顧問が10人いれば回答が10通り返ってくる」と周朋はため息をついた。鴻海は確実に法令遵守する。これも「経営管理」への挑戦である。

例えば「貿易実務」について、以前は製造だけすれば、プラスチックペレットなどの原料だけ輸入すればよかった。ところが顧客が組み立て品の出荷を要求してから輸入通関するパーツは目まぐるしく変わり、部品1つの型番のアルファベットが間違うと、ロットごとに数カ月も取り押さえられ、加えて顧客から催促される。「私の白髪はこうしてできました」と周朋は苦笑いしながら話した。

「財務」についてブラジル中央銀行は各々の取引を厳しく照合することもあって、メインのコンピュータがダウンすることを最も恐れなければならない。「法務」に関し、ブラジルの労働基準法は繁雑である。あるとき鴻海が納期に間に合わせるため、従業員に対して昼寝時間を30分縮め、残業代を支払って補償すると伝えたところ、従業員および労働組合は同意したが、地方の労働省は頑なに認めなかった。鴻海は法令ごとに気を配らなければ仕事も急げないのである。

フォックスコン執行長陳偉良は遠くヨーロッパにいるが、マナウス工場の運営と発展を非常に気にかけていた。しばしば電話会議を行い、運営状況を把握して指示を出した。生産ラインを拡大するため、同社は同時に人を探して、もともとの300人から半年内に数倍以上拡充する必要があった。しかも、同時に制度を確立する必要がある。

会社の一貫した真面目さ、規律のある企業文化を素早くロマン主義のブラジルに浸透させるために「我々は面接から多くの時間を費やして、現地の従業員と意思の疎通を図りました」と周朋は当時を振り返った。皆が執行力を発揮することで、初めて「4大管理システム」を着実に貫徹することができるのである。

郭語録
53

市場＝顧客＋製品。

顧客は市場ニーズの変化と製品の方向性を教えてくれる重要な情報源

２００７年アップル社の革命的携帯「ｉＰｈｏｎｅ」が正式に発売され、マルチタッチスクリーンを利用し、使いやすいインターフェース設計を加えた。このような革新的設計によってｉＰｈｏｎｅは半年間で１００万台を販売した。

同年、30インチ以上の液晶テレビの価格が40％下がったが、販売額は２００％も成長した。

携帯とフラットパネルディスプレイは共に鴻海の製品である。いったい市場を拡大させた原因は何だったのか？　それは革新的設計なのか、それとも普及価格の刺激だったのだろうか。あるいは両方だったのか――。

郭台銘は簡単な6個の文字を使って、そのすべてを説明した。鴻海の製品が市場を拡大した原因は「市場＝客戸（顧客）＋産品（製品）」であると解説したのだ。

過去に台湾のフラットディスプレイ生産工場には受注がないのに、生産能力（production capacity）を先に拡大したと批評する人がいた。また規模が大きい製造請負工場は受注を競合するため、むやみに生産ラインを増やしたが、結果として生産過剰を招いた。しかしこのような経済規模は産業競争の重要法則の1つである。

インテルの創業者アンドリュー・グローブは『Only the Paranoid Survive』（邦題『インテル戦略転換』）の中で特に解説している。

「市場の許容レベルによってあなたの製品の価格をつけ、そして『量で価格を制す』といった戦略をとってください。その後、あなたがこのように価格を定めて利潤を得られるようになるまで、必死になって原価を抑える方法を考えてください。このような策略は必ず規模の経済（economies of scale）に導くでしょう」と。

グローブは大規模な量産的サプライヤーになることで、原価配賦と原価回収の機会が訪れると解説した。

インテルは新たな販売方法をつくり出して成り立ってきた会社ではあるが、規模の経済の重要性を強調している。鴻海の規模の経済は、まさしく一種の「集団軍」の力で、顧客にワンストップショッピングのサービスを提供する。

鴻海は競争力たる価格をもって大規模な注文を受けた後は鴻準精密に任せ、液晶パネルは群創光電や鴻準精密に任せ、各部署が均等に潤うので鴻海も粗利益率の稀釈の心配がない。

一方で非常に強い部品のサポートがあり、一方で大きな注文が受けられるので、毎年高い営業収入と成長を維持できる。これも同社のさらなる成長を見越した戦略である。

市場をさらに満たすため、鴻海はすでに高度な競争的「水平分業」のあるべき規模をつくり上げ、量産規模が拡大するにつれて新しい領域へ入り、そして新しい領域でまた量産規模になる。しかし、生産キャパ過剰の憂いを克服するには、最後には、やはり郭台銘の世界的人脈に頼っている。

郭台銘もはばかることなく次のように言っている。

「私の世界トップの顧客は、すべて重要な情報源で、未来の市場におけるニーズの変化と製品の正しい方向性を教えてくれるし、製品の方向性を正してくれる。私自身も総合的な判断能力を培ってきた。これは何十年にも渡って累積された苦労の結晶だ。私は将来これらの経験を鴻海の後継者に引き継いでもらうことを望んでいる」と期待満々に語った。

郭語録

54

代謝のように人材が回転することによって、健康な産業は保たれる。

市場は透明度と競争度によって、その成熟度が培われる

郭台銘は中国がWTOに加入したことを例に挙げる。わずか2年の間で、多くの企業が外国で市場を展開した。そして彼は自分の毎日のスケジュールが満杯で、「今は中国だが間もなく台湾に帰る、間もなくベトナムに行って新しい工場の着工式のセレモニーを取り仕切らなければならない。その間はベトナムの指導者と会見し、その後、ブラジルに招かれ、当該国の指導者と投資について会談を行う」と分刻みで行動している。

自分は自分と競争をしなければならない。それぞれの事業グループは相互に競争し合い、世界各国に配置された拠点もまた互いに競争しなければならない。競争は会社にとって、一種の生存常態であると指摘し、「我々はただ自然の法則に従って、科学技術関係の競争事業を営んでいるにすぎない」と強調する。

郵便はがき

料金受取人払郵便

牛込局承認

6893

差出有効期間
平成28年 3 月
31日まで
切手はいりません

1 6 2-8 7 9 0

東京都新宿区矢来町114番地
神楽坂高橋ビル5F

株式会社ビジネス社

愛読者係 行

ご住所 〒 TEL:　（　）　FAX:　（　）			
フリガナ お名前		年齢	性別 男・女
ご職業	メールアドレスまたはFAX メールまたはFAXによる新刊案内をご希望の方は、ご記入下さい。		
お買い上げ日・書店名 年　月　日	市区 町村		書店

ご購読ありがとうございました。今後の出版企画の参考に
致したいと存じますので、ぜひご意見をお聞かせください。

書籍名

お買い求めの動機

1　書店で見て　　2　新聞広告（紙名　　　　　　　　　　）

3　書評・新刊紹介（掲載紙名　　　　　　　　　　）

4　知人・同僚のすすめ　　5　上司、先生のすすめ　　6　その他

本書の装幀（カバー），デザインなどに関するご感想

1　洒落ていた　　2　めだっていた　　3　タイトルがよい

4　まあまあ　　5　よくない　　6　その他(　　　　　　　　　　)

本書の定価についてご意見をお聞かせください

1　高い　　2　安い　　3　手ごろ　　4　その他(　　　　　　　　　　)

本書についてご意見をお聞かせください

どんな出版をご希望ですか（著者、テーマなど）

雨にも風にも、景気の波にも関係なく競争の背後にある本質的なものを見ている。特にグローバル化の時代には、国と国の境界は消滅し、企業と企業の競争は激化する。競争の世界では生存するためのテクニックを磨かなければならない。

まさしく「物競は天択なり、適する者は生存す」といったところだ。

郭台銘は「競争志向とは、何を競争するのか？　それは資源の競争である。それは『資源の取得』、『資源の運用』、『資源の分配』を含む。そして、『市場は透明度と競争度』によって、その成熟度が培われる」と持論を展開する。

『フォーチュン』の統計によれば、500の大企業の平均寿命は40年。鴻海は2004年に30年目を迎えた。同社の3年前のライバルは、現在の営業収入は鴻海の5分の1しか残っていないかもしれない。投資者は次の人気産業は何かを聞くのではなく、誰が次の勝者になるかを聞くべきだと郭台銘は考えている。

彼は産業には自然の法則があると信じている。淘汰というのはもともと自然の現象であり、回避する必要はない。すべて競争の伴う産業は、健康でいつまでも生き残ることのできる産業となるのだ。つまり競争とは新陳代謝のようなもので、産業にとっては新陳代謝が激しいほど競争力がつく。鴻海も自己淘汰の能力を備え、自分をより健康にしているのである。

郭語録 55

グローバル化の思考ロジックは、顧客↓製品↓システム能力↓地理的位置。

4つの原則で事業戦略を決定

1990年代末より、鴻海は中国以外の海外に工場を設けて生産することと海外の企業の買収合併を開始した。2003年にフィンランドのイーモ社やメキシコのモトローラ社の合併を完了したことによって、台湾初の3大陸を股にかける企業となった。

鴻海の中国を除いた海外スタッフは1万5000人以上となり、「台湾にはこのような大勢の華人以外のスタッフを管理できる会社はないだろう」とアナリストの楊應超は感慨深げに述べた。

この角度から見ると、鴻海グループのグローバル化能力は多くの企業を超越して、台湾で最もグローバルな企業と言っても過言ではない。鴻海の「グローバル化思考ロジック」は顧客↓製品↓システム能力↓地理的位置という4つの原則から考え、事業配置戦略を決定する。

グローバルな配置をするための第1原則は「顧客の需要に追随すること」である。これも最も基本的な原則である。同社のように顧客の需要のもとに中国で生産するのだ。現在、顧客の需要さえあれば、アフリカにも事業配置することは可能である。

第2は、「製品」に従っていくこと。一部の製品は地元で生産する必要はない。ただしパソコンや家電製品は地元で組み立てる需要はますます高まっている。あるいは順調に成長する市場については、製品と顧客の需要に応じて出荷している。鴻海は荷物の運搬、海運、技術支援の問題を克服するために、ヨーロッパおよび北アメリカに宣伝広告の本部を設置、日本に研究開発本部をつくっている。これらグローバル化の中における配置は「動態のプロセスである」と説明している。

第3はシステム能力に従っていくこと。これは「グローバルなサプライチェーン戦略の運用」を指す。1つひとつの製品のサプライチェーンは異なっている。1人ひとりの顧客のサプライチェーンも同じではない。鴻海の内部もこれに基づいて組織分割と機能区分けをし、精密金型・機械加工・ネット接続製品・メカトロニクス部品・無線製品機械、コンシューマー電子製品等の事業グループに区分し、利潤センターの制度を通して、社内で有益な競争を形成させている。

最後は地理的位置である。日本のトップコンサルタントである大前研一は、かつて「企業のグローバル戦略は、アメリカ・日本・ヨーロッパの3大市場のプレートを包括し、『3極企業』を形成することによって全面的に市場を拡張し、変化を把握する」と持論を展開した。

さらに進んでライバルの挑戦に対応する。これはいわゆる「3極理論」であり、アメリカ・日本・ヨーロッパは「3極勢力」である。

アメリカ・日本・ヨーロッパは主要な市場ではあるが、それぞれの極は1個の副極がついている。例えばアメリカには中南米、日本(東アジア)には南アジア、ヨーロッパにはアフリカがついている。正副極の転変をいかに見るかは、指導者の洞察力が試される。中国とインドの台頭の後は、3つのプレートがそれ以上となった。

郭台銘は、本当の地震と同じで、経済の地震もプレートの移動によって生まれるとたとえている。

郭語録 56

天下には完璧な方法などない。ただし、さらによい方法はある。

販売チャンネルに踏み込んで直接顧客サービスを行う

会社の規模が大きくなればなるほど、外部企業は鴻海の成功に注意を払うようになる。郭台銘は常々内部の人間に「世界中を探しても完璧な企業など存在しない。必ず改善の余地があるはず」と言う。

企業が大きくなればなるほど、柔軟性が悪化するおそれも出てくる。2004年の年末に「鴻海は製造能力に立脚した会社だ。世界的なブランドをうまくクライアントにするには、製品の状況を理解しなければならない」と指示したほどだ。

続いて「システム」を形づくり、さらにグローバル化組織の「地理的位置」を決定する。内部において何度も討論を繰り返して「チャンネル」(販路)に入るやり方で全面的競争の優勢を維持し、「柔軟性」の確保を望んでいることを力説した。「我々の顧客のため、我々はチャンネルに進出しなければならない」と郭台銘はついに大胆な決定を下した。

通常、企業グループがある規模に発展すると、柔軟性と速度が比較的低下しがちである。このような状況では、いち早く市場における製品の変化（売れ行き）を理解していれば、「ブランドクライアント」の「顧客状況」を把握できることを意味する。

実のところ、それはさらに速く市場における「製品」のニーズに反応できることを意味する。これこそ鴻海グループの「チャンネル」に進入することを最重要とする理由である。「流通市場の唯一不変の真理は、日々変化しているということだ。消費者の好みは変化し、市場も変化し、技術も変化する」とゴールドマン・サックス証券のアナリストの金文衡は指摘する。このような変化は、IT企業の持つ挑戦を意味する。

流通の客に接触することは「クッキーの屑を集める」戦略の延長である。特に最近の世界のIT市場は「大なるものは常に大きく」といった状勢を確立し、小さなブランドの生存は容易ではない。鴻海のクライアントはすべて世界の3大ブランドであるが、市場の需要の多様化は始終存在し、どうすればさらに高い密度の市場版図を広げると同時に多様化する顧客のケアもできるのか――。

小さくて多い顧客はまるで「クッキーの屑」であり、鴻海は「チャンネル」の方式をもって対応し、直接それぞれの顧客にサービスを行う。

販売チャンネルに踏み入ることによって、市場志向の設計開発能力の向上に有利で、組織規模が過大したため柔軟性喪失の状況を克服できる。

過去の鴻海は専業的なIT部品製造会社であり、製品はコネクター・マザーボード・冷却ファン・筐体《きょうたい》等に及び、請負製造で直接消費者と向き合うことはなかった。ところが販売チャンネルをつくった後は、グループ内に新たな触角が生えたように、顧客の需要を把握し最速のスピードで工場に報告できるようになった。

郭台銘は販売チャンネルを打ち立てた後、さらに「Win-Win-Win（三辺勝利）」の局面を創造することを希望した。会社はただ販売チャンネル顧客のために設計・生産・サービスするのではなく、ひいては販売チャンネルクライアントに新たなビジネスを紹介することも可能だ。

将来、請負クライアントは製品を鴻海の販売チャンネルのパートナーに販売できる。するとと三方がさらなる緊密な協力関係を形成することになる。

そしてブランドのクライアントに対して、さらに多くのサービスを提供することは、組織の柔軟性を強化して、硬化を防ぐことができる。

「我々の販売チャンネルは決して、クライアントと市場を争奪するのではなく、さらによいサービスを顧客に提供することにある」

郭台銘は2006年の株主総会の後に1歩進んで分析した。現在の工場の顧客に対するサービスは、ただ「テイクオーダー（注文をとる）」するだけではいけない。ただ「求めるものを与える」のではない。鴻海も市場にフィードバックしないといけない。ひいては顧客がいかに競争相手に対応するかのニーズも含まれる。

「大なるものは常に大きく」という考え方に固執すると、企業が市場離れになりがちで、顧客の需要を理解できなくなる危険性がある。

しかし、販売チャンネルの市場を経営することによって、会社に第1線のクライアントと接触させ、市場を理解し、顧客を理解する。製品は千変万化で少量多様とはいっても、かえって組織を活性化させることができる。自社の研究開発部門に、さらに柔軟性のある技術開発に従事させ、生産の流れを改造することを開始する。

過去に、あらゆる人はブランドと請負業務は必ず衝突するもので、設計と販売流通はかえって両者の協力が得られる地帯であると考えていた。しかし郭台銘は、鴻海が一定の経済規模になった後、ただ下請け業務をするだけでは、組織の硬化という困難に陥ることを深く理解していた。

販売チャンネルをつくり上げることは会社にとってまったく新しい経験だった。「これは彼らにとって確かにチャレンジである」と金文衡は指摘する。「少量多様」な市場であるが、過去の「少様多量」の運営スタイルとは異なる。鴻海は脳味噌を取り換えるような挑戦を経験すべきなのだ。

第4章 逆境

孤雁は海峡を飛び渡るとき、飛び立つ前に飛行経路を知らなければならない。飛び立った後は次の立脚地をどこにするかを考えなければならない。しかし、最も重要なのは、飛び立った以上、自分に自信を持たなければならないことだ。

On Overcoming Adversity

重要なのは困難を突破する自信

鴻海が最も強いのは、景気に左右されないことだ。特に1998年から2007年の間、アメリカのダウ平均やナスダック総合指数が下落するという変動の下で、なんと鴻海は同時期、毎年30％の安定成長をしていた。

時間につれて、企業は起伏を経験する。鴻海は最初から100億、1000億レベルの企業ではなかった。鴻海がまだ小さな会社のときから、経営の逆境にあるときでも内部と外部からの挑戦は止まらないことを深く理解していた。

20年前、郭台銘がインタビューを受けたとき、「どの企業でも経営において順境もあれば逆境もある。逆境に置かれたときこそ銀行の援助が必要だ。うまく経営できなくても、必ずしも経営方法が間違っているとは言えず、時機が悪いこともある。我々は、銀行はもっと企業の困難を理解し、情報を提供し、コンタクトを強化して、企業の難関突破を手助けしてほしい」と答えた。

中小企業が大環境に向かうときの辛酸はこの内容に尽きる。中小企業から成長発展した鴻海は逆境に対抗できる戦略と体質を形成した。さらに重要なのは困難を突破する自信である。「私の自信は努力と経験から来るものだ」と郭台銘は言う。経営者の「自信」とは景気がどんなに悪くても自分自身は能力があると信じることである。

郭語録
57
苦境に立ち、飢餓に苦しむときこそ頭脳が明晰になる。

企業が生き延びるには競争環境が必要

山西省はかつて明清時代に旧式の金融機関が多数集まり、富を成した老舗は少なからずあった。山西省は中国一の富豪を何名も輩出したが、なぜ後に没落したのだろうか？　郭台銘は出身である山西省を考察して「人は逃げ道がまだあることを知った時点で、全速力で突き進まなくなります」と考えた。

彼が山西省に戻って、年長者と世間話をしてわかったことは、山西省は鉱物資源が豊富で、山西省出身者がよその土地に行ってうまく成功できなければ、最悪の場合、故郷に帰って採鉱すればいいという考え方を持っていたことだった。

逆に大陸の沿海地区の省では、多くの出稼ぎ者は故郷が貧しく辺鄙《へんぴ》な場所であり、何もなく、食べていけないことを知っている。それゆえに振り返りもせず、全力で突き進むのである。現在、沿海省の経済はますます発展して、海外で奮闘する人は故郷に送金している。

飢餓の環境で生存する術を学び、「逃げ道なし」の状況から前進の本領を発揮する。特に電子産業では重要だ。

激しい競争の中、「すでに誰でも食っていける時代ではないのです」と郭台銘はその厳しさを語った。

「経済環境の変化は目まぐるしく、企業が大きな困難に遭遇したとき、もし某企業のCEOや管理者チームはバックに支援があることを知れば、企業の弱みを徹底的に改善しない」とも分析している。

環境が人に与える影響が大きいように、企業もまた同じである。生き延びる術を学ぶためには、適切な競争環境が必要なのである。

郭語録

58

できるかどうかは問題ではない。行動するかどうかだ。

可能なのか不可能かは問題ではなく行動を起こすかどうか

2007年9月4日、郭台銘は永齢基金会名義で台湾大学と備忘録を締結し、2年以内に150億台湾ドルを台湾大学附属病院のがんセンターに寄付することになった。この義援金は国内の大学における最高額の寄付であり、世界を見渡しても大学医学部への累積ではない単発の寄付としては最大のものだろう。

この寄付の当初の青写真は、100億台湾ドルで新たに500のベッドを備えたがんセンターとプロトン放射線センターを創立し、全世界でも最先端の機器を備え、台湾にはなかったプロトン放射線治療機を導入することであり、残りの50億は大学病院の研究に投じるというものであった。

日本で、がん患者がプロトン放射線治療を受けるには100万台湾ドルほどかかる。将来、この治療を受ける台湾の患者は、40万台湾ドルを自費で支払えば、病院側は何とか収支とんとんになると台湾大学側は考えていた。しかし、郭台銘は国内のがん患者がその額を負担しきれないことを考慮して、特別に10億台湾ドルの「義援金」を出し、大学との備忘録に「放射線センターの運営の前3年は、患者1人ひとりの治療費は30万台湾ドルを超えてはならない」という条目を明記し、その差額は永齢基金会が負担するものとした。

一方で、郭台銘はこれらの専門家に1個の目標を与えた。5年から10年の間に彼らのうちからノーベル医学生理学賞を出すことである。当時そこにいた中国人の医学の専門家たちは目を丸くして「できるのですか？」と言った。

郭台銘は彼らに諭した。

「科学研究の『可能』と『不可能』は、問題ではなく、行動を起こすかどうかだ。なぜなら、1人の専門家がもし行動をとらなければ、それは永遠に不可能だ。そして永遠にクエスチョンマークの段階にとどまってしまう。しかし、もし専門家が行動を開始するならば、それは『可能』へつながる道を進めていくだろう」

ゆえに郭台銘は、台湾の医学界が将来、世界を震撼させるような医学成果を挙げることを信じてやまない。

郭語録
59

市場は「透明度」と「競争度」で、その「成熟度」を培うのである。

企業に競争力があれば市場の展開はさらに大きく速くなる

アップル社の製品iＰｏｄの背面は、鏡面加工された美しいラインの金属製ケースとなっている。日本メディアの報道によれば、これは日本の新潟県燕市一帯の精密金属加工の職人たちによってつくり上げられた精緻な製品であるという。

燕市は江戸時代より金属加工業の密集地であり、もっぱら金属加工の開発に力を注いできた。iＰｏｄの下請け受注によって工芸精神における承前啓後、つまり過去の遺産を継承して未来を切り開くことの大切さが証明された。

日本の工芸職人は、ずっと日本製造業の優秀さの1つとして栄光に輝いていた。日本のメディアは彼らの仕事様式を「人の力で田を耕すようだ」とたとえた。

しかし、鴻海は粘り強く彼らから受注を取り上げた。鴻海の大規模な量産能力は稲刈り機が大挙して広大な田んぼに入っていくようなものだ。穂が実ったら稲刈り機で一斉に収穫する。対して工芸職人たちは鎌で1株1株収穫する農夫のようで、稲刈り機を前にしたら呆気にとられてモノが言えなくなるに違いない。

鴻海はグローバルな戦略によって、24時間輪番制・2カ所での生産・グローバルかつスピーディーな納品などによって優位に立っている。時間をかけて精緻な製品の限定生産の日本工芸職人に多大な脅威をもたらした。

iPodの鏡面曲線加工のような職人の「手の感覚による技術」を同社はなんと大量生産の加工技術に転化して、品質も成果も工芸職人が長年培ってきた技とほぼ同じになったのである。

金属加工のほか、鴻海の金型の製造能力も日本に衝撃を与えた。ソニーのポータブルゲーム機PSPは本体の前後面にプラスチックのケースを用いている。これは2種類の異なる樹脂を使用し、同一の金型から成型する。金型の設計変更を通して、このような高難度の2色の成型技術を用いて大量生産することを可能にした。

ソニーはこの技術に感心するあまり、製造の注文を日本企業から鴻海に替えざるを得なくなった。なぜならそのコストは日本企業に比べて低かったからだ。ゲーム市場を開拓するため、ソニーは極めて低価格で、コストを気にせずにPSPをマーケティングしなければならなかったからだ。鴻海はソニーにとっての最もよきパートナーとなった。

郭語録 60

順境の道には見える空が限られている。人間は逆境の道を歩かなくてはならない。若ければ若いうちがよい。逆境は成長のチャンスを与えてくれるから。

困難に直面することが、多くの学習の機会を与えてくれる

郭台銘は創業して7年後にアメリカ人とのビジネスを始めた。台湾の中小企業の社長は、実のところ何でもできてしまう「八面六臂《ぴ》」であるとアメリカ人とのビジネスのやりとりでわかったのだ。

30年前、台湾のビジネスは「大企業は国内販売を行い、小企業は輸出販売を行う」といった環境の中にあった。「大企業が国内販売をする」というのは、多くの財閥が国内市場を独占していることを指し、資源の少ない中小企業は「国外への発展」の能力を養って成長しなければ生存の道はなかった。郭台銘は電化製品市場について話した。

「当時の台湾の電子部品市場の規模は大きくはなく、中小企業はただ海外に行って機会を

探すだけだった。しかし、第3者を通しての間接輸出にしても、直接輸出にしても、触れる国際貿易の情報や渉外事務手続きは非常に煩雑だった」

それに、企業が外国の先進設備を買おうとすれば、国外機構との連絡が必須である。加えて当時の為替も管制下に置かれていたため、輸出入業務も国貿局（国際貿易局）の認可が必要である。中小企業も政府の関連規定を熟知していた。

「台湾の中小企業の社長と幹部になるには、最も新しい情報の吸収能力と事務処理能力を持たなければならない」と郭台銘はアメリカに行った後、台湾とアメリカの中小企業を比較して差を見出した。アメリカの中小企業は国際海運や資金の流れ、貿易に関する法令規定を熟知する必要がないのだ。

当時は、工場を見て業務に奔走するだけではなく、同時に経済金融等の外界の環境に関する知識に精通しなければならず、大変な忙しさであった。

彼は当時を思い出しながら「すべての運営の仕事は、我々の会社の規模が小さいから簡略化できるわけではない。かえって、我々の規模が小さいから仕事は特に煩雑になる」と言った。創業はもともと難しい道であって、早い段階でこの点に気づいてはいたが、中小企業がもし成長を継続したいと思うなら、さらに困難の上に困難を重ねなければならないことは予想外だった。しかし、今ではこの一連の経験に感謝している。彼が後日困難に直面した際、この厳しい日々を思い返し、さらに多くの学習の機会を与えてくれたからだ。

郭語録 61

金のために働けば、疲れやすく、理想のために働けば長続きできる。趣味として働けば、永遠に疲れを知らず。

仕事は趣味として働けば疲れない

かつてある顧客が鴻海に対して、4カ月以内に製品設計から量産完了までを要求したことがある。このような状況に直面したとき、郭台銘は自ら工場長の制服に着替え、生産ラインに入って生産のあらゆる細部を把握する。そのため、1週間のうち3時間しか睡眠をとらないのである。

CEOの役割は「選択」「判断」、そして「戦略」をしっかり練ることが大事であると彼は言うが、指導者としては必ず率先垂範して問題を解決しなければならない。そこで夜中でも現場にいて従業員と共に頑張るのである。彼は間違いなく実行者である。まず補佐してから手放す。これが郭台銘が幹部に要求するやり方である。

事業が拡大し、営業収入が兆単位の台湾ドルを超えるCEOの地位にあっても、やはり自ら第1線に出向いて、製品のネジが緩くなっていないかどうかを確かめる。
もしかして、このようなやり方は彼が改めて鴻海という「製造する大機器」のネジを締め直しているのではないだろうか。数年に渡り、彼は理想と趣味のために働き、まったく疲れを感じず、むしろ仕事を1つの「楽しみ」として考えているようだ。

あたかも芸術愛好家がオペラを聴くように楽しいものであり、彼にとって、顧客および同僚と理想を分かち合うことはオペラ以上に楽しいのである。

ハイテク製品を普及させ、安くて人にも優しい携帯電話やパソコンを誰もが利用することができ、さらに農民までもがネットワーク製品を扱えるようになることが、郭台銘が描いた理想である。それが仕事に打ち込んだ理由であり、市場の寡占を破り、人々に恩恵をもたらすのだ。

また、鴻海に安定した事業基盤をつくり上げ50年、100年経営することが彼の理想である。株価が10元、15元しかない、ひどい会社にはなりたくないのである。

自分が生涯経営した企業が日増しに成長していく中、郭台銘が着ているものは、誰が見ても一般の従業員と同じで、同じ食事を食べている。また高価なアクセサリーも身に着けていない。彼は「あることを成し遂げようと理想を追求する際、必ず孤独や周囲の無関心に耐えることが必要だ」と従業員に諭した。

郭語録
64
亀は必ず兎を起こしてはならないことを肝に銘じ、逆に、兎は亀のごとく30年連続して走ろうとするか？

事業経営の仕組みを知るのは簡単だが実行は難しい

郭台銘は過去20年ほどベンツを運転していたが、せいぜい500シリーズ（ベンツの高級車に次ぐシリーズ）までだった。資産トップでありながら、何ゆえ当時最高級の600シリーズを買わなかったのかと不思議に思われた。

彼は「買えなかったわけではない。1000台でも買えたけど、600シリーズは買うつもりはなかった」と答え、頑《かたく》なに高級車を運転せず、中国でさえ一般のワゴン車に乗っていた。オフィスではパイプ椅子を使用、ソファーは長沙通りで1500元で買ったものを10年も使ったのである。

これも自分を戒めるためで、1分1秒たりとも無駄にせず努力していくのである。決してすべてが簡単だと思い込み、怠けてはいけないのである。

「事業経営とは、仕組みを知るのは実に簡単だが、実行は難しいプロセスだ」と意味深げに言う。市場で群を抜くことができたのは、単に正確な経営モデルだけでは達成できず、1つずつステップを踏んできた道のりがあったからだ。

高級な名車を運転しない。これもある意味「控えめ」である。彼は「亀理論」に賛同する。兎と亀の競争で亀が勝ったが、亀が速く走ったわけではない、兎が途中で寝たからだ。そこで重要なのは、亀は必ず兎を起こしてはならないことを肝に銘じる。さらにひと言付け加えた。「逆に、兎は亀のごとく30年連続して走ろうとするか?」

これも「亀理論」以外で最も難しいことである。郭台銘の外資系銀行業界の多くの友人は「世界で彼より金持ちの人は大勢いるが、金をたくさん持っていながら、絶えず懸命に働く人は多くない。郭台銘は個人的な趣味を持ち合わせていない。仕事自体が彼の趣味であり、一意専心経営している事業に没頭するのである」と分析している。

株価が数百元、さらに数千元ある「株の王者」「株の女王」級ハイテク企業と相対的に比べ、鴻海はたいして目立たない精密企業である。しかし2003年、台湾のハイテク企業がここ10年来の不況に陥り、多くの企業の営業収入が後退を呈した際、鴻海は依然として30%の成長率をキープして成長した。まるで亀が1歩ずつゴールに到達したかのようである。

郭語録
63

品質とは価値および尊厳の始まりであり、企業存続の命綱である。簡単に言えば、顧客は2倍の値段で、しかも喜んで品質を買うのである。

品質は企業存続の命綱であり、悪ければ会社もよくならない

1990年、台湾は「国家品質奨」を開催する際、生産力センター（Productivity Center、「公益財団法人日本生産性本部」に当たる）統括マネージャー石滋宜博士が担当であった。当時鴻海は500万台湾ドルを寄付したが、その理由として、品質は重要であり、顧客が会社を信頼する最も重要な礎だと考えたからである。

一般の消費者がブランド品を買うときは品質を最も重視する。偽物はすぐに壊れる。郭台銘は品質は企業存続の命綱であり、品質が悪ければ会社もよくならないと考えていた。この点は顧客やサプライヤーにとっても同じである。

鴻海は自分のブランドを持っていないが、従業員は非常に誇りに思っている。なぜなら、世界で多くのブランドの背後にある重要な「品質」は同社が提供している。鴻海にはしっ

かりした基礎と実力があるからだ。

中国人は90%で仕事をするが、郭台銘は鴻海に対して99・99%まで精度を要求する。自分の友人は昔のエンジニアを評価していると郭台銘は言及した。精密な計測器はなく、電源装置1つ、信号分離機1つだけで正確なデータを測定できたからである。

現代のハイテク測定機は多く、ますます精密化している。しかし意識の問題から、測定にはよく誤差が生じる。人間の機械に対する依存も高まった。

郭台銘は感慨深く語った。「誰もが3×3は9、3×6は18であることを知っている。だが今では多くのアメリカ人は計算ができず、電卓に頼っている」

彼はワールドカップ・バスケットボール大会を例に挙げた。アメリカチームは多くのNBAスター選手を擁していたにもかかわらず、なぜ最後に敗れてしまったか？　通常の試合で「パフォーマンス的なプレイ」が多かったことがその理由で、トリッキーなシュートやフォーメーションを重視して、観客を魅了しようとしたからである。

しかし、正真正銘のゲームに臨むときは、確実なシュートと懸命なディフェンスこそが「正しいやり方」である。ただ単にダンクシュートで観客を喜ばせるべきではない。

つまりハイテク市場の競争においても、企業が最高の設備を購買することが重要なのではなく、実験の検証をいかに行い、基礎技能をいかに固めるかによって品質および技術を獲得していくことが大切なのだ。

基礎技能がしっかりしていなければ、相手に隙を与え、競合相手のほうが発展する可能性もある。だからいかなるハイテクであっても、必ず基本から固めることだ。

郭台銘は幹部に学生時代のエピソードを話したことがある。あるとき、新聞のスポーツ紙面でアジアNo.1シューターの記事を見たときのことだ。このシューターの毎試合の得点は常に30点を超える。実は、彼の家にはバスケットリングが備え付けられていて、毎日体育館で練習を終えて家に戻ってからも、さらに500回シュートしてから床に就くのである。当時、郭台銘もバスケットボールが好きで、その真似をして毎日500回シュートしようとしたが、結局2晩で諦めた。

いかに基礎技能を習得するのが難しいかという話だが、要点はやり抜くことと忍耐力である。

では鴻海の部品組み立ての基礎技能は何か？　射出成型、加圧成型、電気メッキ、自動化、材料、検査実験、品質管理、金型などを含む。基本技能を得るには、変わらない強い意思があって、本物の品質をつくり出せるのである。

郭語録
64

成功は最悪の助言者である。
ただ無知と臆病をもたらすだけで、
次の成功に導く経験と知恵を提供しない。

過去の「成功」体験を信じない

鴻海が各国の労働組合に直面するとき、同社の「人員整理せず、むしろ採用を増やす」方針は、非常に労働組合の支持を獲得していた。鴻海が国を跨《また》いで合併と買収をする前には、生産キャパおよび市場評価を調査して、決して「人員整理せず、むしろ採用を増やす」の方針が単なる空論、一時しのぎではないことを証明してきた。

そもそも受注先を明確にしてから工場設立を決める。いったん工場を立ち上げたら、迅速に稼働し、仕事の機会を保障することで、労働組合からボイコットされる理由もなくなるのである。

労働組合の対応以外では、地場ギャングの「計画的犯罪」に対処する必要がある。例えば東ヨーロッパで工場を立ち上げた際、地場マフィアは計画的に人を派遣して、工場に潜入しては、労働組合をカムフラージュや後ろ盾にして、メモリーや組み立て部品などの材料を盗む。実際、鴻海だけではない。多くの日韓、欧米大手企業もやられていた。

鴻海は自分で犯罪の証拠（ローカル警察、検事も恐らく買収された）を探す一方、新たに工場建屋の動線プランを設計し、生産ラインが早く利益を得られるようにしなければならない。

鴻海は中国で成功を収めたが、実のところ慎重にならなければならない。中国のメーカーが足を引っ張ろうとするからだ。例えば深圳の比亜迪（ＢＹＤ）社は過去、主に自動車部品を製造し、国家が後押ししていたが、鴻海に追随して模倣する一方、その従業員を大量に引き抜こうとした。

鴻海がグローバル化に成功できた背景には、実は一連の挑戦と学習があった。なぜなら、ヨーロッパ市場で成功できても、アメリカ市場で成功できるとは限らず、アメリカ市場で成功できても、南米市場で成功できるとは限らない。難題を１つずつ解決すると同時に、同社はそう簡単に過去の「成功」体験を信じないのである。

郭語録 65

成功の3部作
適切な戦略を選び、
決心を固め、
正しい方法を使う

決心を固め、正しい方法を使う

30年前、鴻海は家電部品組み立てメーカーからの転換に成功した。その第1歩として適切な戦略を選んだ。

郭台銘が従業員と会議した際、「パソコンコネクターの製造プロセスにおいて、我が社は少なくとも40%から50%ほど共通の製造技術を有すると推定します」と激励した。50%からの出発である。ゼロからの出発ではなく、少なくともすでに革新技術の半分を把握している「コネクターの道」を選択したのである。

多くの中小企業が家電産業の衰退を逆転しようがない危機と捉えたとき、郭台銘は50%の技術があるパソコン製造に転換した。他人から見れば、ほとんどあり得ないチャンスであり、極めて厳しい試練を選択して、今後成長していく礎に変えたのである。

ステップ2は決心を固めたことだ。

郭台銘から見ると、外的環境は大半の人の価値観を混乱させ、物事の善し悪しが区別できなくなる。一方、工業に投入する精神力や労力はマネーゲームより数倍、数十倍さえ苦労するが、投入に対する報酬は必ずしも正比例しない。

当時まだ40歳にもなっていない郭台銘は悩んでいた。もしこのような価値観が蔓延し続け、誰もが工業生産に投資せず、輸出が3割減り、3分の1の工場が閉鎖されたら、台湾の経済発展や社会的な安定はあり得ようか？　こう考えた彼は決心を固め、この道に固執したのである。

ステップ3は正しい方法を使うことだ。金型業界を選び、30年発展してきたのは、「正しい方法を用いた」のであって、邪な方法を用いたのではない。

「テコンドー上手な人は、必ず足腰がしっかりしている。武術の達人である少林寺の和尚は、鍛錬のために過去何年山頂まで水汲みをしたか知っていますか？」

このことから、彼が追い求める「変化」とは、まさに自己独立性を不変のものにする決心でもある。

郭語録
66

成功する人は解決策を探し、失敗する人は言い訳を探す。

「できない」「難しい」は言い訳にすぎない

アメリカのアップル社は最先端のパソコン設計を擁している。最初は韓国大手LG社が受託生産の注文を受けた。韓国メーカーは大企業の実力や低コストを後ろ盾にしているため、彼らと受注をうまく配分するのは至難の業だ。

鴻海はアップル社iMacの筐体の注文を獲得したかったが、ずっとチャンスがなかった。アップル社が半透明筐体の「iMac」を市場に出すとき、もっと多くのサプライヤーが必要になっていた。鴻海のプラスチック成型の技能、大量生産能力、さらにコスト制御の能力があったため、次第にアップル社が注目するようになり、チャンスを与えた。韓国企業のモデルに沿って、同社に対しても順調に製品を開発するように望んだのである。

アップル社は、LGに参考としてサンプルを鴻海に提供するよう指示したにもかかわらず、「LGはわざと遅延して、サンプルをくれようとしなかった」と、当初この計画を担当した化学工学博士張新蓓が明かした。最も難しいところは、やはりiMacの半透明筐体の表面に、直径1センチにも満たない数百個の放熱孔を開け、なおかつ変形しないことだった。鴻海としては、開発の困難さを、韓国企業LGのサポートがなかったことを言い訳にはできない。結果的に、2つの生産方法を開発した。

短い5年の間、鴻海は筐体市場において「ゼロ」からスタートしたが、毎年15%以上の成長を続けた。また韓国LGグループからアップル・コンピュータ社の受注を半分もぎ取っただけでなく、パソコン筐体のシェアで世界の半分を占めることになったのである。

プラスチック原料を確保するために、鴻海、南亜プラスチックおよび長春石化集団と共同で、台湾初の工程用樹脂をつくり出した。また筐体市場に参入するため、燁輝企業と共同で亜鉛メッキ鋼板を開発した。

1999年、コンパック社は世界一のパソコンメーカーになった。世界で255社のサプライヤーと取引がある中、コンパック社は世界最優秀サプライヤーを9社だけ選び、鴻海はそのうちの1社となった。鴻海も1996年から1999年まで、コンパック社だけに600万台のパソコンを製造した。

当時コンパック社業務担当の鴻海情報システム統合兼サービス製品事業グループ統括マネージャー簡宜彬は「これは奇跡的な数字である」と嘆息した。

郭語録
67

簡単に手に入る成功は、仕事における最大のタブーだ。

自ら進んで試練を受け入れ、経験および過ちから学ぶ

競合相手は鴻海に対して攻撃を仕掛けてくる。だからこそもっとしっかり足場を固めなければならない。2002年、鴻海は世界一のコネクターメーカー、タイコ・エレクトロニクス（Tyco）と裁判沙汰になった。郭台銘は「利益に結びつかなければ、誰も訴訟を起こしたりしない。だから鴻海は決して簡単には譲歩しない」と決意を固めた。

通常、グローバル級の大手企業は手加減しない。主な戦略は「騒ぎをわざと大きく」することだ。その場合、3つのステップを踏んでくる。警告状を出す、広告を掲載する、記者会見を開く。このように大規模な行動を起こすことに、鴻海の全顧客に「同社と取引をするな！」というメッセージが込められている。

「かつてアメリカから訴えられ、日本とトラブルを引き起こした。この痛い教訓を活かし

て、我々は10年ほど前から、あらゆる競合他社や1万件を超える特許についてのレポートをすべて購入した。これらのレポートを毎日不眠不休で分類し、読み解いた結果、ついに他人がどのように扱っているかわかった」と、鴻海の前法務長周延鵬は興奮気味に語った。「このような成果は決して1日、2日でできるものではない。今でも年間数億台湾ドル費やしている。でも何とか我々は生き延びて、死なななかったよ」

鴻海は簡単に手に入る成功を選ばない。低コスト製造から特許（製造）へ布石したのは、自ら進んで試練を受け入れ、経験と過ちから学ぶ会社であることを証明している。

法務室の最大の特徴は、事業部門、製造部門で少なくとも3カ月のトレーニングを受けなければならないことだ。郭台銘の指導方法は、産業をもって一切の基本とする。主にITの人才を活用しながら、法律の知識を強化するのである。

法務スタッフの出勤初日、すぐに「特許地雷」の解体方法を学ぶ。地雷解体とは、公告済みの特許や競合他社が申請した特許を探して、特許の定義不備や技術の抜け穴を見つけ、異議を唱えることで特許を「白紙にする」のである。このような訓練を経て、将来、着実に特許の組み合わせの方向性を見出すのだ。

同社が発展を遂げてからも、コネクター他社と小規模の機械メーカーに対して、よく権利侵害の訴訟を発動した。「前半戦は海外の大手が訴えたが、鴻海は死なず、後半戦は鴻海が他人を訴える番だ」と、ある業者は語った。

郭語録 68

問題の見方が他人と同じであれば、新聞だけ見れば十分だ。

製造志向から市場志向への転換

人々が状況に屈服したとき、創業者は新しい見方で、新しい道を切り開く必要がある。

1980年代、台湾ドルが急激に値上がりしたことから、多くのテレビ、ラジオ製造業者は相次ぎ倒産に追い込まれ、鴻海の商売も同様に波及を受けた。こうした状況は郭台銘に刺激を与え、「何ができるか？」「自分の革新的競争力はどこにあるか？」と熟考させることになる。

創設以来、郭台銘は初めて重大な岐路に立たされたのである。「製造志向」時代において、鴻海はテレビ、ラジオの部品だけを製造できるため、一般の顧客もこれらの部品だけ製造を依頼した。

鴻海創立7年目になって、彼は初めて「市場志向」の考えを巡らした。積極的にコネクターの市場調査を進め、テレビゲームとパソコンこそが今後発展する主流になることに気づいた。日本に行って機器を購買し、多くの日本人に今後の市場動向を聞いたところ、パソコンが今後最も発展する趨勢になると確信した。

もしかして郭台銘は「運」がよかったのかもしれない。同社が開発したコネクターは、ちょうど台湾IT産業が急成長する上昇気流に乗ったのである。

1981年、IBMが初のパソコンを世に出した。また当時テレビゲームが流行り、鴻海の経営も好調を維持して従業員も300人にまで増えた。資本額は1982年の1600万台湾ドルから、1983年には4600万台湾ドルに3倍も急増した。

パソコン産業が飛躍的に発展し、鴻海も毎年20%の成長に突入した。同社で20数年働いたマネージャー甘克倹は「ボスは金儲けしたが、自分のポケットには入れず、また全部機器の購入に使いました」と、第1段階で大幅に成長した状況をこう振り返った。

パソコン製品への転換に成功したが、郭台銘は立ち止まらなかった。1人の指導者が長期投資する決心した瞬間を彼は目撃したのである。

1984年、鴻海は金属電気メッキ部門を設立するため、直接アメリカから全自動の設備を1000万台湾ドル近く費やして導入した。当時の営業額の約10分の1であったが、創立から6年、業績は終始大幅な成長を見せなかった状況から、ようやく脱却し始めたのである。

郭語録
69

初代創業者にとって、絶対的な権力とは完全なる責任であって腐敗ではない。

創業者は執行に完全な責任を持つ

郭台銘は鴻海グループ最大の株主である。取締役会は抑制と均衡に欠けている上、透明度も低いと指摘する人がいるが、彼にとって、企業の経営はある種「責任」である。

鴻海を創業して2年目。ちょうど世界は第1次石油危機に直面し、原料価格は大幅に上昇して景気が悪くなり、経営困難に陥った。共に組んでいた友人はやめることに決めたが、負けず嫌いの郭台銘は諦めず、岳父に70万台湾ドルを借りて、何とか工場を譲渡してもらい、会社名を新たに「鴻海工業有限公司」で登記し、中心的な経営者になった。

1976年、鴻海は板橋（台北の地名）建屋に移転し、主に「テレビ用高圧陽極キャップ部品」の加工製造に従事した。当時はまだ白黒テレビが主流で、同社が部品を生産する主な金型はほとんど「外注」していた。鴻海自身には工場がなかったからだ。

絶対的な権力は、絶対的な責任へと変わった。郭台銘は時間通りに納品するため、しばしば三重（台北の地名）堤防横にある大小連なる金型工場に奔走して、金型の師匠に督促した。

このとき郭台銘が気づいたことがある。徒弟制の金型業界は、景気がよくなれば、皆自分で開業しようとするため、人才の流動は激しい。品質も不安定だ。小さな工場が林立し、誰もがボスになろうとするが、技術がしっかりしている金型の師匠の域には達しない。今後会社が成長するには、絶対にこれらの人たちに頼ってはならないと確信した。

しかし自己の技術を累積するには、コストのプレッシャーのみならず、金型産業全体の悪習にも直面することになる。

台湾大学機械科を卒業し、鴻海創業2年目に入社した統括エンジニアの陳一飛は「過去の金型業界は主に師匠の経験をもとに伝承してきた。生産プロセスは標準化されていないため、鴻海が経験ある従業員に技術公開を要求した際、集団から辞職を迫られる目に遭った」と述懐した。

だが、陳一飛も妥協するつもりはなかった。そこで郭台銘は思い切って、すべて外部から卒業したばかりの新人を雇って、最初から教え込んだ。これも初代創業者が事業に対して責任を持つという決意である。

郭語録70

最高のワインをつくる葡萄蔓は、しばしば痩せた土壌から育つ。

逆境が企業を育てる

郭台銘が台湾金型労働組合理事長を担当したとき、シンガポールの労働大臣は「台湾政府は何をしたのか？　どうして台湾の中小企業はこんなに強いのか？」と彼に聞いてきた。すると彼は「我々の政府は何も行っていません。だから我々はゴキブリのように生存する術が身についたんです」と答えた。この回答は大臣を驚かせた。

台湾の中小企業の成長環境はまるで痩せた土壌のようで、企業サポートはないばかりか、しばしば面倒を引き起こす。金融資源の補助はなく、不渡りになって刑罰にさえ処せられる。パスポートでさえ海外では全然役に立たない。「台湾と違ってシンガポール政府は面倒見がよく、配慮が行き届きすぎたため企業の競争力を失わせた。政府が非効率だからこそ、逆に民間の効率がよくなるのだ」と郭台銘はひと言補った。

台湾の中小企業の資源は少ないため、銀行から融資を受けることは難しい。郭台銘はいまだに覚えているが、初期の頃、銀行が彼に支給した小切手は一度に10枚で、使い切って問題なければ再発行するという形だった。

「当時は、まだ『手形法』があって、鴻海を土城（台北近郊の地名）に設立したのは、手形関連の罪に問われている者ばかりを拘置する『土城看守所』に近いため、万が一の不渡りで拘置されても家族との面会は便利だし、ついでに会社の業務を指示することも可能だからね」と、郭台銘はしばしば外部の人に冗談を飛ばす。この話からもわかるように、経営初期、プレッシャーにも耐えうる力があるからこそ生き延びてきたのである。

さらに過去の台湾の中小企業は成長する一方で、「雨の日に傘を取り上げる」銀行に用心しなければならず、急成長する過程においても、郭台銘は用心深く行動した。

「あるとき、私が中国に投資したら、金融機関が貸し剥《は》がしをした」。郭台銘は再三説明してもわかってもらえず、そこで思い切って交通銀行だけを残し、その他は外資系銀行に移した。その後わかったことだが、外資系銀行のサービスはよく、業務に精通していた。

これも台湾独特の環境の中、中小企業は独立作戦の習慣を身につけて、さらに戦略思考を強化した。銀行が企業の経営に対して現実的であれば、より企業の成長を刺激させ、競争力を高めることができる。企業が逆境に慣れることは、まさに痩せた土壌でも最高の葡萄が育つことに通じるのである。

郭語録
71

鴻海の企業文化における4大特徴
1・勤勉に働く文化
2・責任を持つ文化
3・チームワークおよび資源を共有する文化
4・働けば支払われ、貢献すれば報われる文化

企業文化を浸透させることで全員を1つにまとめる

文化は共に生活している人々が共有する価値観である。鴻海グループには肌色の違う人種がいて、文化のみが共同作業の方法を1つにまとめることができる。中国も国土が広大なため、状況は同じである。

あるとき、鴻海は山西省でイベントを開催。顧客が山西省に来て、イベントに参加した後、郭台銘に向かって言った。「まあ、あなたたち山西省の従業員のやり方は、深圳の従業員とまったく同じだ」。郭台銘は「山東人、湖南人だろうが、鴻海に入れば『鴻海人』だ。つまり企業文化は同じで、鴻海文化には4つの特徴がある」と答えた。

1・**勤勉に働く文化**。これも台湾の多くの企業に見られる特色であり、手堅く着実で、学習しながら成長し、投機的な金儲けをしないのである。

2・**責任を持つ文化**。責任を引き受けたら、しっかりと物事を完遂すべきだ。失敗者は言い訳を探し、成功者は方法を探す。時間を費やして言い訳をするよりも、時間を費やして方法を探すことだ。

3・**チームワークおよび資源を共有する文化**。鴻海グループが技術委員会を大々的に推進しているが、部門間の垣根を取り払って、互いに経験と技術の交流ができるプラットフォームをつくることである。

4・**働けば支払われ、貢献すれば報われる文化**。

郭台銘は日本の記者に対して「この文化の特徴で、2つ目までの企業文化は日本人に見習うべきである。だが、3つ目のチームワーク、資源を共有する文化、および4つ目、貢献すれば報われる文化に関して、鴻海は可能にしただけではなく、多くの日本企業よりもうまく機能しているかもしれない」と言ったことがある。日本企業では、一般的にチームワークは難なくできる文化だが、資源の共有はうまく機能しない。大財閥あるいは大手銀行が支配している日本企業では、利益を配当することは難しく、割増配当金を得るのはなおさらない。ゆえに郭台銘は、鴻海の文化はより優れていると考える。企業文化で最も困難なのは互いの共感を築くことだが、そのためには相当な時間を投入する必要がある。

郭語録
72

企業には景気の問題はなく、あるのは能力の問題だ。

企業は残酷な淘汰という戦いに常に直面している

郭台銘はかつて「柳暗花明（窮しても道は開ける）」とたとえて、見通しは明るいと言ったことがある。しかし、彼が強調したいのは「景気は問題ではない、ポイントは会社に競争力があるかだ。企業は残酷な淘汰という戦いに常に直面している」ということだった。

２００４年から、郭台銘は「景気の変化は極めて速く、未来の景気の振れ幅はますます激化するだろう」と予測していた。外部が注目する焦点を景気に置くことに彼は賛同しない。なぜなら、しっかり宿題をやっていないと考えるからだ。「企業には景気の問題はなく、あるのは能力の問題だけだ」と指摘する。

彼は次のように説明する。仮に景気がよくても、うまくいかない企業がある一方、景気が悪くても形勢を逆転して突破する会社もある。ゆえに景気によって投資を決めるのではなく、深く入って比較することによって将来の勝者を見つけるのである。

彼の親友である宋学仁は「台湾の投資家は企業に大変寛容だ」と言ったことがある。郭台銘も同感で、「台湾の投資家は気前がよすぎる。市場はグローバル化に突入して、製品もデジタル化しているのにもかかわらず、投資家はまだアナログの時代に留まっている。投資家自身も反省すべきだ」と批判した。

グローバル化の時代、「失敗する人は言い訳を探し、成功する人は方法を力説する。鴻海は1度たりとも株主や顧客に言い訳しない」。

彼は「明日も太陽が東から昇れば、鴻海はあらゆる困難を克服する自信がある。言い訳はまったくない」と〈郭語録〉を引用して言った。

広達（クアンタ）の会長林百里は以前に「生活は芸術をもってバランスをとるべきだ。もし郭台銘の労働時間が減れば、もしかしてもっとたくさん儲かるかもしれない」と言ったことがある。しかし、郭台銘はそうとは考えずに「会社が得た利益は、私が働いた時間と正比例します」と応じた。

郭語録

73

「世界はフラットである」に最も適応できる国家、会社、個人はグローバル競争のチャンスと富を分け合う。

大志を胸に抱く者のみが効率良く競争に勝てる

グローバル化を1つの「プラットフォーム」に見立て、マクドナルド、ケンタッキーなど世界的なブランド・チェーン店は、世界を「プラットフォーム」として店を開いている。世界で何万店舗の経営管理や生産技術は、すべて統合されたモデルで統一された基準がある。昆山と蘇州の店先が違うとか、上海と台北の味付けが異なったり、アメリカとヨーロッパモデルは相違することはない。

郭台銘は『フラット化する世界』という本を例に挙げ、この本のタイトルにはさまざまな啓発と意義があると説明する。「フラット」にはどんな意義があるのか？　含んでいる意味は2つあると彼は考えた。1つは、今日の世界は1つの平面、つまり平らな紙のように優劣や上下の違いはない。2つ目の意義は、世界自体が1つのプラットフォームのように、大志を胸に抱く者のみが効率良く競争に勝てるということだ。

郭台銘は「フラット化する世界」という考えから競争を見たときに言及して、競争とは、ただ単に自分との競争ではない。自分がすべての人と競争するものである。競争にはスピードと効率が求められ、技術の迅速な集積と普及はこの傾向をさらに加速させた。あらゆる国家、個人に至り、商品とサービスのグローバル・サプライチェーンの一部となった。

しかし、競争だからこそ協力を重視すべきである。単独で戦うことはもはや過去形である。結局、「フラットで小さな世界」に最も適応できる国家、会社、個人はグローバル競争のチャンスと富を分け合うのである。

では、企業の競争力をどのように上げていけばいいのか？　郭台銘は一段と人才を取り込んで、人才を育成することだと考えた。

各事業グループに対して、他社との競争を恐れない以上に、グループ社内の他事業グループとの競争にも勇気を出すようにと指示した。成長スピードを競争し、利益成長を比べ、自主イノベーションを比較することが競争力アップにつながる。

郭語録 74

長い道を乗ってみれば馬の力がわかる。逆風をもって精鋭部隊を鍛えよ。

他人が有望視しないものを展開する

「筐体は他人から軽視されがちな業種だ。他人が有望視しないものを我々は大きく展開したのだ！」

郭台銘はコネクターや機械の業務に話がおよんだとき、自慢気にそう話す。

コネクターと機械の2つの製品は、パソコン内部のメモリーチップ、あるいは製品組み立ての単価ほど高くない。2つ合わせてもパソコン全体コストの約10分の1にも満たないが、パソコンにとって不可欠なパーツでもある。

まるで蟻の大軍のように、1999年から鴻海が使用する鋼鉄量は、意外にも台湾の自動車産業より多くなっている。多くのパソコンメーカーからすると、たいした業務ではないように映るが、鴻海は大いに展開しただけでなく、新たな競争力も創出したのである。

パソコンの処理スピードはますます速くなり、体積がどんどん小さくなったため、放熱技術は重要になってきた。コネクターの役割もますます重要になる。例えば光信号から電気信号に変換する高速コネクターＧＢＩＣなどが挙げられる。

前テキサス・インスツルメンツのアジア太平洋地区総裁の程天縦は次のように言った。

「真の戦略家は策略で勝つだけではない。さらに1歩進んでルールまでも変えてしまうのだ」

もう1つの台湾のパソコン大手、精英グループ（ECS Elitegroup Computer Systems）は、かつて鴻海のコネクターが高いことから、機械と関連するコネクターのみ購入して、自分たちでコネクターの会社「欽騰精密」を設立した。

しかし成立して半年も経たないうちに、ＥＣＳは「欽騰」のコネクターのコストは思ったほど安くないことに気づいた。また売れ行きも悪かった。そこで赤字経営をするより、鴻海に助けてもらう道を選んだ。その条件として、今後ＥＣＳのコネクターはすべて鴻海が供給することになる一方で、鴻海は欽騰社の技術向上、品質改善をサポートする必要が生じた。そこで鴻海は傘下の鴻揚ベンチャーキャピタル社を通じて、４００万米ドルで欽騰社の株式50％を取得した。

１９９８年までに、ＥＣＳは毎年１０００万枚に達するマザーボードのコネクターを、すべて鴻海から購入していた。例えば当時Ｓｏｃｋｅｔ７フレームのコネクターに関しても、同社は世界の市場占有率の70％以上にも達していて、名実ともに「キーパーツ」になった。

郭語録
75

長期、国際、発展、安定、テクノロジー。

「長期」とは心配りの経営でもある

1985年、鴻海はやっと1億台湾ドルの営業収入に到達した会社だった。しかし、郭台銘は特別に当時アメリカ・ヒューレットパッカード社に勤めていた程天縦を招き、全社のトップ管理者を中正空港（現・桃園空港）の空港ホテルに率いて、2泊3日の「競争戦略計画討論会」を開催した。

この会議では、同社は企業全体の将来性、使命責任、目標、そして目標完遂の戦略を検討し直し、「5年」戦略を打ち立てた。

郭台銘から見て、いわゆる「長期」とは会社のよい企業文化を代々継続して、従業員の将来性も企業経営の計画に入れる。つまり「長期」とは、心配りの経営でもある。

長期計画があると同時に「安定」した経営も必要だ。安定とは「停滞」ではなく、新規や変化を否定するものでもない。現実的でない経営のアクを取り除き、後顧の憂いをなくすためである。

郭台銘はかつて安定には4つの前提があることに言及した。4つの前提とは、計画、投資、イノベーション、執行である。

「発展」は、すなわちシステム性能向上のために解決しなければならない部分の突破、ベストをつくり出すことである。郭台銘は正式に3C、つまりComputer（コンピュータ）、Communication（通信）、Consumer Electronic（コンシューマー電子製品）から6Cへの参入、つまりCar（自動車）、Channel（チャンネル）、Content（コンテンツ）を加え、市場規模の拡大を宣言した。キーポイントとしては30％の成長を維持していくことである。

3Cから6Cになるにつれて、市場変化も速くなり、鴻海の組織に課される試練も重くなった。パソコンと消費家電の間、消費家電と通信の間、通信とパソコンの間ですら、多くの「曖昧地帯」が存在する。例えばゲーム機能を備えているメインボード、DVDドライブとパソコンは、「C」と「C」の曖昧地帯ではあるが、成長が最も速い市場になった。「誰もが30％の成長を維持していくのは、実際にはそのプレッシャーは相当なものだ」と、ある従業員は嘆息した。

実例として、日本の任天堂の人気ゲーム機W.i.iの生産請負を受注したとき、最初はヒューレットパッカード担当所属部門が一手に引き受けたが、結果を報告された後、郭台銘はこれをコンシューマー電子製品の類いの製品だと考え、この業務は競争製品事業グループに移管するよう要求した。つまり日本のソニーゲーム機担当のところに移したのだ。これも郭台銘のみができる技だ。このような号令を下して億単位の受注を部門間で移転することが可能なのだ。

テクノロジーの本質は現状をひっくり返すことだ。郭台銘は制御できない技術はテクノロジーとは呼べず、あらゆるイノベーションは実用主義であるべきと思っている。ある「C」から退き、もう1つの「C」に参入して、鴻海の体質はますます逞しくなるだろう。

過去2年間で、郭台銘も存分に権限を付与して、各事業グループの指導者に任せた。これも内部の大きな変革の1つである。

「鴻海の統括マネージャーの権限はますます強くなった。買収合併の決定権さえ持っています」と、あるベテラン従業員が漏らした。生産ラインおよび技術発展が複雑化するにつれ、郭台銘はもし自分が細部の意思決定に関われば、逆にスピードに影響を及ぼすと熟知していた。そのため適度に手を引き始めたのである。

「私が3カ月間オフィスに入らなくても、業績は従来通り30%成長します」と、郭台銘は自慢気に話した。

「世界の新テクノロジーの中心は、まさに現れようとしている。チャンスは我々の手中にある」

郭語録
76
創業3条件：忍耐強い決意、愚直な積極性、知恵は知能より重要である。

外部からの影響を受けない愚直さを備えることが必要

郭台銘の創業資金はすべて母親が苦労して稼いだものだから「1銭ごと使うとき、20回以上数えます」。彼にとって、商売は3つに分けられる。賭博、投機および投資である。「私は投資だけします。投機と賭博はしません」。

彼は若い頃、ある顧客に会うため、外で4時間も雨に打たれたことがある。「若者は苦労や困難を恐れてはいけません。軽々と諦めてはいけません。失敗を受け入れる勇気は必要です。私が若いときに経験した失敗はどんな人よりも多く、創業当初、人才が足りず、市場が足りず、資金が足りず、技術も足りなかった。どんなことも私は経験しました。失敗は成功の母である。母が多ければ息子も多くなります」と丁重に話した。

郭台銘は創業して3年間のことをまだ覚えている。時々工場の扉を開けると、チンピラからみかじめ料を要求されるか、生産ラインで従業員同士が喧嘩していた。彼は仲裁に割って入ったりした。「最も癪《しゃく》に障るのは、朝消防器材の売り込みが来て、もし金を払って器材を購入しなければ、午後には役人が来て、消防検査を行うことがあったことです」と、苦笑いしながらメディアに話したことがある。

何事も計画通りに実現できるわけではない。企業を経営していると、多くの外的な環境要因は変わりやすく、変化も大きい。自分1人の限られた精神力と能力で、日常のさまざまな変化に対応することは大変苦労することである。

特に中小企業がコントロールできる資源は相当限られている。スタッフもわずかな状況であり、自分自身が持つ基盤はかなり脆弱である。そのため外部情報や経済状況の変化に直面して、経営者は臨機応変に対処できる能力を持ち、突如発生する衝撃を受け入れることが必須である。したがって彼が考える創業者の第1条件は、忍耐強い決意である。

第2の条件として、創業者は前に突き進む愚直な積極性を持つことである。

なぜ「愚直な積極性」なのか? たとえ生涯の労力をかけて経営しても、うまく経営ができたり、経営が成功する保証はどこにもない。なおさら会社の経営者がいつまで働けるか、あるいは会社の技術がどの水準に到達すれば完成であるかは言うまでもない。なぜなら会社は時代の進歩やテクノロジーの発明に従って、絶え間なく改善し、成長するからだ。

「だから、あえて言いますが、会社のことは一生改善しても終わりがありません。経営者は持続経営する執着心が必要です」と諭した。創業者が工業経営者としての自覚を持って決意したとき、初めて遠い将来を見据えて、会社の基礎を固めようと考える。

第3の条件、知恵は知能より重要である。郭台銘が初めて稼いだ資金を自身の金型工場につぎ込む決定を下したこと。ところが半年経たないうちに、工場裏の土地が3倍上がった。原材料も大幅に上がって、賢い人はすぐに土地に投機したり、あるいは原材料を売買したりするが、「逆にまだ自分のプラスチック金型工場は設立したばかりで、設備は新しく、従業員も新米でした。まだ覚えているが、あるとき機械の組み立てができなくて、誰もが無言のまま互いを見ていた」と郭台銘は話している。

経営に苦労しただけではない。コストは他より高かった。当時多くの社員は「他のところで買ったほうが安いのに、どうして自分たちでつくるのですか?」と質問した。だが郭台銘は独自に成長できるチャンスを重視して、何度も従業員を説得した。1日でも自分が金型技術の積み重ねを怠ると、1日他人に後れをとってしまうのである。

創業者として、重大な投資を決める2年から3年のうち、土地市場、株式市場、為替市場の変化を無視することだ。もし前に進む愚直な積極性がなければ、心理的には必ず不均衡な現象が生じる。

郭台銘は言う。「創業者として、外部からの影響を受けない愚直さを備えることが必要だ」と。

第5章

イノベーション

On Innovation

ハイテクの成功には多くの要素がある。人々の力があって成就する。誰か1人だけ特に優れていることはありえないのである。

イノベーションの本質は歴史的な転換をつくり出せること

あるとき、郭台銘が通関手続きをする際、出国の税関職員が彼の腕に紫檀製の数珠がつけられているのを見て、その数珠はいくらか？　と聞いてきた。「5000万」と郭台銘は適当に数字を挙げた。しかしこの出国の税関職員はまったく疑いを持たず、厳粛な顔つきになった。

通関のルールに従って、旅客全員はアクセサリーを外す必要がある。この出国の税関職員は郭台銘の数珠を大事に持って慎重に渡したのである。実際、郭台銘はこの数珠の原価はたった数十人民元しかないことを知っていたが、彼にとってのその数珠は意味あるものだった。なぜなら、この数珠は中国内モンゴル・フフホト市長がチンギスハンの末裔を代表して贈ったものである。だからこそ、その数珠は郭台銘にとって、5000万人民元よりも価値があったのだ。

税関での一件も郭台銘に再度悟らせた。価値とは表面的なところにはなく、内面的な含みにあって、なおかつ最終的にその含みを展開できるかが大事なのである。

郭台銘はまだアメリカの9・11テロ事件後の1週間を覚えている。彼は香港で講演して、初めて「CMMS」（Component Module Move & Service）経営モデルを提起した。

このモデルは郭台銘が初めて考案したが、当時は全世界から軽視され、嘲笑すらされた。ところが、現在では世界中の多くの産業はこの経営モデルを争って踏襲しようとしている。多くの新発明は最初バカにされる。凡人には水面下にある物事の本質は見抜けないためである。現在、CMMSは有効な生産方式、利益を得るモデルになった。1つのプラットフォームとして各種能力を統合して、さらに効率を高めたのである。

郭台銘にとって、イノベーションとは、決して華麗なスローガンや目を見張る成果ではない。一見平凡そうな物事でも、とてつもない力を発揮して、しかも延々と途切れることなく歴史的な転換をつくり出せることが「イノベーション」の本質なのである。

郭語録
77

技術革新の本質とは、伝統的なものに新しい生命を吹き込むことである。

8つのプラットフォーム革新の意義

金型開発はすでに長い歴史を持っているが、鴻海は「金型」で大きなプラットフォームをつくり上げた。その大きなプラットフォームとは「CMMS」(Component Module Move & Service)モデルである。伝統的な技術から新たな段階に入って、このモデルには主に8つのプラットフォーム革新の意義が込められている。

1つ目のプラットフォームは「技術プラットフォーム」のイノベーションである。鴻海にはすでに30年の金型機構の技術資源と経験がある。これを基礎として電子、光学、ワイヤレス通信など新事業部の技術資源と経験を結合して、さらに完全で共有できる技術データベースを構築する。これも郭台銘が示す「光」「機」「電」の統合である。例えば、競合が「電」および「光」においては実力を備えているが、経験を必要とする「部品」のところで鴻海は後れをとっているのだ。なおさら「オプトメカトロニクス」のイノベーションが遅れているのは言うまでもない。

2つ目は「サプライチェーン・プラットフォーム」である。主に各種材質の金型をもって、「流行性」「多様性」「個性化」「カスタマイズ化」の消費者ニーズを満足させ、グローバル市場の顧客に数量と品質を供給する。

3つ目はプラットフォームを製造する。台湾で根を下ろし、中国で長期計画を立て、配置・配分を合理化する。垂直統合の製造経験および版図勢力で、規模の経済でも柔軟性のある生産を可能にした。

4つ目は購買プラットフォームである。製造と同時に、共通の大口原材料、仕掛品および設備の購買作業をも統合し、その上最も競争力のあるコストと優れた品質を勝ち取れるのである。

5つ目は財務テクノロジー・プラットフォームである。主に合併によって取引規模を拡大させ、世界最低コストを実現する資金の不足を補うためである。

6つ目は顧客プラットフォームである。鴻海の各事業グループは、内部で情報交換を通じて、顧客データを共有し、顧客管理プロセスを統一して簡素化する。顧客との協力経験は語り継がれ、広めていくことで、マーケティング費用を節約、経営効率を高めていくのである。

7つ目は特許プラットフォームである。グローバル統合した特許部署および特許最適化を通して、知的財産保護や応用を提供して共有化する。技術革新に有益なものをつくり、革新的な制度やシステム環境を管理するのである。

8つ目は情報ネットワーク・プラットフォームである。グループが構築しているグローバル情報ネットワークシステムは、迅速かつ良質な情報共有を提供し、サービスプラットフォームの運用を可能にしたのである。

郭語録78

CEOの「6選」：顧客の選定、テクノロジーの選定、製品群の選定、人才の選定、株主の選定、戦略パートナーの選定である。

すぐにベストの選択を下せるかどうかが成長のキーポイント

2001年、鴻海の営業収入は初めて1000億台湾ドルを突破した。記者から成長のキーポイントは何かと聞かれて、郭台銘は「顧客の選定」と答えた。もし「顧客の選定」が同社の「小から大へ」成長するポイントであったとしても、正確には「成長する顧客」を選択したと言うべきだろう。

鴻海を辞めたスタッフは、「私が会社で最も多く学んだことは、顧客の成長を助ける意識だ。顧客が儲からず、成長しなければ、いくらうまくやっても意味がない」と述懐した。

普通に会社が「納期遵守、スピードが速い、高品質、低コスト、整った保管運送」を実行できたら、まさに完璧な境地である。ところが、鴻海の営業モデルはこれらのサービスを顧客に提供しただけではない。もし顧客の組み合わせた部品が合わなければ、自発的に協力して改善するばかりか、顧客と共に市場を打開して利益獲得の助けさえ行った。「郭台銘と協力しあった人は、ほとんど昇進して金持ちになったよ」と、この元スタッフは明言した。

多くのグローバル大手メーカーVP（副会長）級以上の人は、わずかな利益を見るのではなく、会社全体の最大利益を考える。想像に難くないが、彼のような「友人」がバックでサポートしたら、昇進チャンスが増え、権力が増大し、受注の機会も増えるのである。

実際のところ、鴻海はできる限り顧客とＷｉｎ-Ｗｉｎになるように努めている。いわゆる「薄利多売」で顧客の製品が競争できる価格でなければならない。鴻海に相談する会社もある。互恵の状況で、鴻海も顧客に競争力のあるコストを提供する。「私から買えば必ず競争力が上がり、受注も途切れることなくもらえる」と郭台銘は自信を持って言った。

顧客選定から、テクノロジーの選定、製品群の選定、人才選定、株主選定および戦略パートナー選定まで、実に異曲同工の妙である。どの「顧客」が「儲かる」と見極めたら、真っ先にビジネスをとりに行く。郭台銘は「実は私は人を見る目がある」と漏らしたことがある。

この観点から見れば、主に6つの方向性――顧客、技術、製品、人才、株主および戦略パートナーを提示したが、もっと重要なポイントは、「選定」の決断である。

郭語録
79

精密機器は小手先テクニックの成果ではなく、頭にある概念だ。

技術管理システムは速くて安定かつ的確なシステム

台湾で育ち、勉学したある経済学者がいる。出身地の重慶を離れ、台湾に来たとき、母親が荷担ぎ作業員の天秤棒を担いで彼を育てた。後に、彼はアメリカで経済学博士の学位を取得した。

彼は郭台銘に話した。「40年後、再び重慶に戻ると、まだ現地では天秤棒を使って、お客さんの荷物を担いでいるところを見かけた。しかもたった5銭の担ぎ仕事のために、互いに喧嘩することもある。40年経ってもまったく変わらず、肩だけで暮らしている。肩から頭まで、たったの十数センチの距離にもかかわらず、這い上がることができなかった」。

この話は郭台銘に大きな啓発を与えた。頭を使って仕事をするには、概念が本当に頭に入っていることが重要である。彼の考えでは、完璧な製品を追求するためには、フローから検査する必要がある。そして正しい「概念」が完璧なフローを確立して技術も完全に発揮される。

これも鴻海が「cost down」の生産能力を完全に「体系化」し「語録化」までした原因である。しかも最も基本的な理念を1つずつわかりやすく分解して定義付けした。いわゆる「体系」とは「組織＋システム」で、いわゆる「システム」とは、郭台銘の定義によると「プロセスフロー＋ドキュメンテーション」となる。

主なシステム化は「技術管理」「生産管理」「品質管制」「経営管制」の4つに細分化できるが、鴻海のやり方に基づいて、もっとプロセスフローを細分化する必要がある。

並行製造している「生管」(生産管理)。管理しているのは部品番号、数量、時間、場所、価格である。このうち、さらに「遠生管」「中生管」「近生管」「微生管」の4項目に分けられる。

このようなコスト管理の「精度」は「品質管理」や「技術管理」にも見られる。技術管理について郭台銘は「我々の技術管理システムは、速くて安定かつ的確なシステムだ」と誇らしげに語った。この速くて安定、的確なシステムは、数年来の経験に基づき、技術管理の順序を簡素化させた。

「技術管理は何を管理するのか？　青写真を管理している。そして青写真は『寸法＋規格＋検証規範＋操作規範』とイコールだ」と彼は確信をもって答えた。

郭語録
80

高度な科学技術は感謝の心から。

科学技術の成功は先人たちの経験の累積と各種の要因で形成される

郭台銘は、初めて故郷山西の実家に帰って先祖をお祀りしたときのことを覚えている。当時彼は山西から帰る途上でタクシーをチャーターした。しばらくドライバーと話していると、そのドライバーが彼と同じく1950年生まれの寅年だということがわかった。そうして黄河を渡る船を待つ間、例のドライバーは郭台銘とともに語らい、そして話しているうちに、ついに泣き出してしまった。そのドライバーは「若いときに体験した文化大革命で烙印の痕が残ってしまった」と訴えた。郭台銘はドライバーに「なぜ必死で稼いでいるんだ」と尋ねた。するとドライバーは「必死にお金を稼いでいるのは、子供たちが私よりも優秀になり、出世してほしいからだ」と答えた。

このドライバーは毎日稼いだお金で、2つの蒸しパンと2本のネギだけを食べる。節約

した お金で買った鶏のモモ肉は、息子に食べさせていた。あるとき、彼の妻はモモ肉を病気になった夫に食べさせようとした。すると息子が母に平手打ちして「このモモ肉は僕のだ！　なんでお父さんに食べさせなきゃいけないの？」と言ったそうだ。

郭台銘は感慨に耽りながらこう説いた。

「子供にきちんとした教育をしてこなかったために、子供はモモ肉がどのようなプロセスを経て自分のもとにもたらされているかを知らなかったのだ。ゆえに、このような『一人っ子』として育った子供は、感謝の心を持ち合わせてはいないし、他人を思いやることもできず、団体行動もできない。生まれたときから自然に保有、領有、占有していて当たり前だと思っており、他人に配慮することがわからないのだ」

「一人っ子」政策のもとでは、高度な科学技術を発展させていくことはとても難しい。なぜなら、多くの子供が父母あるいはその他の大人たちからの寵愛を受けすぎてきたからだ。高度な科学技術の発展に必要なのは相互協力であり、その根源を理解することである。この点、一人っ子には不利だ。

特に恩に報いる感謝の心が問われる。何しろ科学技術の成功は多くの先人たちの経験の累積と各種の要因が合わさって形成されるものであり、多くの人によって成り立っているからである。

郭語録
81
鴻海の組織目標は「三合」である。「三合」とは集合・統合・融合である。

考えが融合してから、ようやく行動は合わせられる

アメリカは湾岸戦争中に数万の戦闘機を飛ばしたが、衝突事故は発生しなかった。このことは郭台銘に深い印象を与えた。彼はアメリカ軍の実力のレベルの高さはここに具現していると考えた。これに必要なのは国力と戦力、そして「共同作業能力」であると思った。

実際、2000年の秋に、郭台銘は400名の中国の幹部に講演した際、第2次大戦の「ノルマンディー上陸作戦」を例に、「カギとなるのは、異なる国家、異なる軍隊が協力して1つの同じ大規模な機密軍事行動を展開することである。もし、各ユニットがバラバラで共同作戦ができなかったら、上陸どころか、おそらくドーバー海峡を渡ることすらできなかっただろう」と説いた。

これも組織における最重要な能力である。そしてこれを完成させるには「集合—統合—

融合」の3大過程がある。

最初の「集合」は最も基礎的な組織の協力である。郭台銘はこう考える。会社の大小の集会にもし時間を守るという概念がなく、集会後の成績効果についても確かめようとしなかったらどうなるか――これでは「統合」のステップに進むことは難しいだろう。

「統合」とは、元来の階層や枠を打ち破って、新しい需要に沿って組み立て直すことである。「多くの幹部は自分の立場が危うくなることを恐れて、これを阻止しようとするだろう。そして周りの者がみな自分の立場を案じて動かないようにして対応する。このような組織は『融合』のステップへ進むのは難しい」と彼は力説する。

では「融合」とは何だろうか？　郭台銘の答えは「考えが融合してから、ようやく行動は合わせられる」というものだ。なぜなら「融合」の成すことは、それはただ1つの任務ではなく、1つの使命であり、1つの長期的協力であるからだ。

郭台銘の娘が大学4年生で、ゴールドマン・サックス銀行アジア州本部に実習に行ったときのことだ。娘は父に1つのエピソードを話した。「スタッフがもし飲食費を請求するなら、違う専門、違う部門、違う国籍の者が一緒に食事するときのみ請求できる」

このような国をまたぐ大きな会社の管理モデルは、郭台銘に深い印象を与え、鴻海の組織を「三合」という目標へ、さらに積極的に推し進めることになった。

郭語録 82

品質の問題であって、ブランドの問題ではない。

「ブランド」「品質」、そして「科学技術」の三角関係

「ブランドの背後には、それを裏打ちする品質がある」

これは郭台銘の不変的な見方である。

台湾も中国も多くの企業がブランドを押し出そうとしているが、ブランドにもしも品質が伴っていなかったら、いくら宣伝して、どんなにコマーシャルを打ったとしても、堂々と市場をリードすることはできない。

彼は「たとえ世界最大のブランドでも、もしその製品の品質に欠陥が見つかったら、あるいは設計上の問題が見つかったら、その価値は瞬く間に失われてしまうだろう。なぜならグローバルな時代では情報の伝播は非常に速く、市場もまた開けているので、すぐに別のブランドに取って代わられてしまう」と指摘する。

会社内部の品質とブランドの関係には、さらに深い研究がある。世界最高のブランドを請け負っているが、郭台銘はそれでもスタッフに注意を怠らない。

鴻海が現在できるのは「品質」ではなく「均質」だけだ。つまり平均の水準を保っているだけである。そして「均質」の意味するものは、工場で設計生産した1つ目の製品が、100個目、1000個目そして1億個目に生産したとしても、それらが同様の品質であること。そしてその「均質」を達成することを成し遂げたら、顧客は合理的代価（会社にとっての利潤）を支払ってくれる。

「しかし、それより高い代価は払ってくれないのだ」と郭台銘は説く。

では、品質とは何だろうか？　それは「顧客があなたの製品を買うときに、その製品のため、喜んで高い代価を払ってくれること。これこそが品質である」と彼は明言する。

均質化は高品質への重要な通過点である。そして、自社の製品ブランドがないながらも、全世界で最もおしゃれで、最も重要な電子製品の大部分を生産している。電子製造分野においてもすでに世界一である。

ただし、鴻海は科学技術では世界一というわけではない。そして同社が掌握するバリューチェーンも未だ確立できてはいない。

鴻海が高度科学技術化に転換した後、郭台銘は「ブランド」「品質」そして「科学技術」の三角関係を思い描いた。1つの会社、あるいは1つの国家が、ブランド力がなければ社会的ステータスの面目もなくなる。科学技術がなければ安心立命の根本もなくなり、品質がなければ生き残る源もなくなる。

つまり、科学技術はブランド力の友好大使のような存在であり、品質はブランドの広報担当者のような存在だ。科学技術がなければ品質も落ち、またマーケティングも低迷し、さらにブランド力もなくなってしまうことになるのである。

郭語録

83

決断の間違いは、浪費の根源である。

産業は変わる、製造業も変わる

2003年9月、郭台銘はゴールドマン・サックス銀行の講演において、6つの産業の趨勢と推移が未来の競争形態を決定すると持論を展開した。

この6つとは「ブランドと販売ルート（チャンネル）の統合」「製造と研究開発の統合」「グローバル的産業調整の統合」「消費市場が需要をリードする統合」「SOC（System-on-a-chip）と関連機構部品の統合」「グローバルなコスト競争力の統合」である。

統合の過程では、すでにサプライチェーン（Supply Chain）の概念ではなく、グローバルバリューチェーン（Global Value Chain）の概念である。それぞれの会社には必ずグローバルにおける自己価値の位置をつくり上げる必要がある。そうしなければ淘汰されてしまう。

「産業は変わる、製造業も変わるのだ。例えば製造、実のところ設計はすでにフリーなのだ」と彼は意味深長に説いた。

正確な決断とは、時間と執行能力を包括することである。もし決断にダラダラと時間を費やしたら、いくら正確であっても役に立たない。同様に、速やかに執行に移らなければ、迅速に決断を下した意味がない。

比較して見てみると、日本企業の大半は99％を把握してからやっと取りかかっている。郭台銘は意味深長に日本のメディアを通して「過去の自分は成功率30％の投資案でもすぐに取りかかっていた。現在は企業が大きくなって、状況を考慮することが多くなった。それでも90％までいかなくても60％の成功率があれば全力で取りかかる」と呼びかける。よい決断をするためには「統合性判断力」が必要である。郭台銘はネット経済が発達するにつれて、予測と決断の的確性にさらなる試みを与えている。

市場の変化は速く、捉えるのは難しい。そうである以上、企業は市場の需要と供給に素早く対応するためサプライチェーンを過度に長くしてはいけない。サプライチェーンが短ければ、顧客変動に対する柔軟性と受容度は高くなる。郭台銘はそのために鴻海の仕事はサプライチェーンの柔軟性と効率をさらに高めることであると強調する。そのために販売チャンネルに投資する。販売チャンネルへの投資はサプライチェーンを掌握し、主に消費者の行為を掌握するためのものである。これらはすべて顧客に対する一大サービスなので、日本企業等を含む企業は、鴻海に対する警戒心を持つ必要はないのだ。

郭語録

84

それぞれの雄鶏はみんな自分が呼んだことによって太陽が昇ると思っている。

どのように古いスタッフをうまく配置するかが問題

郭台銘は人事配置の問題を問いかけられたとき、「確かに経営者としての知恵を試されている」とはばかることなく言う。素早く前進し、かつ変化している経営環境の中では、古いスタッフも起用し、新人スタッフも起用する必要がある。ただ経営者は必ず「古いスタッフが上に上がらない」という悩ましい問題に直面する。

どのように古いスタッフをうまく配置するか？　彼に何をさせるべきか？

郭台銘は、あらゆる企業が成長するか業績が後退するかに関係なく、速い変動のときであれば、組織はみな同じ問題に直面すると考えている。

古いスタッフたちはいつものような成功の方程式を使い回すことに慣れている。これでは現有の構造を超越することは難しい。また環境の変化で失敗するおそれもある。

郭台銘は古いスタッフたちに驕りや、目の前の成功で独り善がりに喜ぶことを戒める。でなければ、無知の「雄鶏」のようなものだ。さらに彼は、宋の太祖の「杯酒して釈兵権（宋の初代皇帝趙匡胤《ちょうきょういん》が諸将から権勢を取り上げた故事）」を例にして、天下をとった者と天下を治める者とを同じにしてはならないと強調する。一国の皇帝もこのような問題に直面したのだ。言わんや企業家がそうでないことはあるまい。

一方、新たな環境に入った新しい幹部は、いかに適応するか？　新旧はどのように協調するのか？　これも管理階層が毎日非常に多くの時間を割かねばならないことの1つだ。鴻海の9大事業グループの中には入社20年の老臣もいれば、入社5年目の専業マネージャーもいる。日系商社の出身者もいれば、アメリカの名門校卒もいる。ある者は成熟型商品の担当をし、ある者は新開発技術の応用の担当をするように配置されている。

外資アナリストはこう指摘する。鴻海が2004年に公表した9大事業グループのリストは、各方面の勢力を網羅する管理階層を出現させた。これも郭台銘の考慮による。組織を運営指導していく人材は、決して家族や親戚を多く起用して親族経営企業化したり、人材を引き留められなかったり、派閥闘争などの状況が起きてワンマン企業化して競争力を失ったりしないことを裏付けている。

郭語録
85

鴻海の仕事の精神は融合・責任・進歩である。

肩を並べて作戦を遂行するプラットフォーム

現代の戦争では、もしそのうちの一方だけが航空母艦を擁していたら、その作戦の実力と威力は必ず倍増するだろう——。

郭台銘は常に航空母艦を主とした配置と陣容を敷いて、共同作業の精神を説明する。鴻海は1隻の航空母艦のようで、遠距離飛行の支援もできれば、進行して空中打撃、空中保護もできる。対潜作戦の大きなプラットフォームでもある。

そして、その他の戦艦、潜水艦、飛行機の戦力はどんなに強大であっても、ただの「小さなプラットフォーム」であり、航空母艦の大きなプラットフォームの横に集合してようやく集団作戦と立体作戦の威力を発揮することができる。

鴻海のように普立爾（プレミアイメージ・テクノロジー社）等の会社を「構竝（買収合併の意）」

した後、グループはさらに繁栄への1歩を踏み出し、1つの巨大な「空母のプラットフォーム」となる。このプラットフォームは十分に大きく、十分に国際化され、十分な柔軟性が有効に機能している。

そして各事業群に必要に応じて戦闘機を飛ばし、潜水艦を出し、兵を送るなど強大な支援を提供し、さらに大きな進歩を追求する。

では、なぜ空母をつくり上げなければならないのか？ 鴻海はなぜ一般的な買収合併を表す「購併Gòubìng」ではなく「構竝Gòu bìng」を用いるのか？

郭台銘はこう説明する。

「社内で『購併』の2文字を使用しないのは、『購併』の2文字を分けてみると、『購』という字には『貝（お金）』という字が含まれる。これはつまり、金銭で買うことを指し、価格の合意ができたら売ってもよい。そして『併』は『人』と『并』の2文字が1つになってできている。つまり、値段が合意したら人は離れていくということだ」

内部で使用している「構」の字は、「木」を積み上げて台をつくること。つまりプラットフォームを構築することだ。そしてもう1つの「竝」の字は「立」が2つ並んでいる。つまり、肩と肩を並べ、心と心を通い合わせることだ。この2字から生まれるのは、肩を並べて作戦を遂行するプラットフォームということになる。

同社が構築するこの超巨大なプラットフォームは、世界各地の資源を統合し、相乗効果を発揮することができる。世界各地で顧客が満足する製品やサービスを提供し、国際化し、産業を超え、全方位的に最低のコストで最高の効率のシステム解決策を提供することもできる。

この目標は資源を統合し、心身共に通い合った一大プラットフォームを構築することである。普立爾が鴻海に加入した後、群創光電とグループ傘下の光電2大主力事業群を創成した。

産業の角度から見て、鴻海の中小のTFT－LCD、デジタルカメラ、携帯のモジュール、光学モジュール、投影機等の5大製品領域はみな満を持して待機している。「我々両側を合わせて1＋1は絶対に少なくとも5になる。イコール2ではなく、2より少ないこともない」と郭台銘は説明する。

これはまさしく「空母」の戦力である。同社のように電子製造領域ですでにトップの誉れ高い企業が、普立爾が加入して、2番目のメーカーをさらに後ろに、さらに遠く、果ては見えぬほどに置いていくのである。

郭語録86

国際化する複合企業の運営とは、人的構成において「海外派遣幹部」と「現地幹部」の割り当てバランスをとること。

人才を引き留めるには人才を引き付ける必要がある

人事構成は現地幹部の福利と昇進制度に反映する。上海金融メディア紙によれば、2007年には45万人の中国人従業員を擁する鴻海グループは、人才の現地化を加速化している。例えば「マネージャー」級以下のクラスの幹部はすでに現地化を完全に実施し、海外留学経験のある中国籍の従業員は、すでに副会長に昇進した。人才の流出を防ぐために、鴻海は深圳従業員に褒美として住居を無償で提供しているが、その数はすでに600戸にも達している。

鴻海副会長何世友は示した。鴻海の従業員は中国で45万人を擁しながら、台湾から来た幹部は2500人だけで、1800：1の比率である、主に会社の中堅・上級クラスの管理職を担っている。

同社副統括マネージャー兼従業員育成担当ＩＥ学院院長の陳振国は示した。ＩＥ学院の訓練を受けてから、チェコ、ブラジル、メキシコなどの内部組織で研修した「中幹」（中国幹部）はすでに９０００人あまりに達して、職位は部門長、アシスタント・マネージャーなどの階級になっている。

急速に拡大している鴻海は、同時に従業員現地化の問題を解決した。中でも研究開発チームの現地化は比較的速く、行政経営領域にいる中堅・上級管理者では、マネージャー以上の中国人幹部はすでに80名あまりに達した。

従業員の福利厚生を改善し、人才流出を防ぐために、鴻海「中央マルチメディアセンター」が工場敷地内、宿舎ロビー、レストランなど、公共の場所に液晶テレビを設置する大金を投じ、２００６年末には自身のテレビ局を開局した。現在では新聞、従業員才芸、安全生産など８つのチャンネルを持っている。

核心幹部に対して、同社は「１３８」計画を実施した。いわゆる「1」とは1年間の労働共同審査を通じて、ひときわ優れていれば、会社は引き続き従業員と3年契約を結び、この3年間では奨励金、補助金、住宅などの福利厚生を得ることができる。

もし8年間継続して働いた場合、会社手当の住宅を無償で獲得し、もしくは同額の現金を得ることができる。また最近鴻海は積極的に住居を外注して、新たに住宅の分配を計画している。

事実上、鴻海は中国および世界各地で従業員の賞与制度を実行している。なぜなら、政治は植物的であり、経済は動物的である。政治を移動してはならず、移したら必ず適応できないと郭台銘が考えているからだ。

例えば中国人がアメリカで大統領に立候補して、アメリカ人が中国で国家主席に立候補しても選ばれることはない。しかし、経済は動物的であることから、肉が転がるところに猛獣がいるし、花が咲くところに蜂蜜はある。「人はみな経済的な動物だ。会社の経営は人間性に合うべきです。私が特別に良心を持っているわけではなく、ご先祖様のやり方を拝借して人才を引き留める」と、郭台銘は率直に認めた。

人才を引き留めるには人才を引き付ける必要がある。鴻海の従業員に利益を分配することで従業員が株主になっていく。厳密な制度や一体化する法令、公開された透明度のある財務制度のおかげで、どの部門、誰でも、自分がいくら稼いだかを自分で計算できる。

従業員が鴻海で働くのは単なる仕事ではない。自分の事業として経営したり、参画したり、努力して、貢献し、共有することもできる。これがご先祖様の思想である。

「歴史は、常に我々に未来を示し、多くのことは輪廻することを教えてくれる。実のところ、賞与を支給された従業員は株を買って株主になる。これは数百年続いた晋商文化（山西省を背景に、商業貿易を形成した文化形態）の伝承であります」と郭台銘は胸を張った。

郭語録

87

権勢や利益を奪う人は好漢で、新天地を開拓する人は真の英雄だ。

自分の専門価値を確立すれば他人から尊敬され、自信も誇りも持てる

2007年の忘年会、巨大な舞台両サイドの掛け軸には「権勢や利益を奪う人は好漢で、新天地を開拓する人は真の英雄だ」と掲げられ、横額には「文武両道」と書いてあった。「権勢や利益を奪う」を舞台に置いてあるのには驚いたが、郭台銘は後の部内大会で幹部に対してこう述べた。

「鴻海とは1つの舞台である。この舞台で人才は跳躍して、思う存分能力を発揮してこそ、人才を無駄にせず、人生を無駄にしない」

「なぜ権勢や利益を奪うことを提唱するか？　皆さんにはわかってほしい。奪うのはどんな『権勢』で、どんな『利益』か？　権勢や利益を奪う資本はどこにあるか？　『権勢を奪う』については、4大権力を奪取する力として『戦略的先見性』の能力があれば『戦略

的先見性』の権力を奪取する。『運営管理』の能力があれば『運営管理』の権力を奪取する。『革新変革』の能力があれば『革新変革』の権力を奪取する。『責任を負える』能力があれば『責任を負える』権力を奪取することである」と郭台銘は「3つの心得」（責任感、向上心、野心）が揃った人才に訴えた。

「利益を奪う」について彼は内部に説いた。国内・海外の産業界で、あまりにも多くの会社が同社による買収合併・改善を待っているが、鴻海グループは資金に困らず、受注もたくさんある。しかし欠けているのは総合的に管理できる人才、および大局的に見るスペシャリスト型人才で、技術副統括、製造副統括および経営統括マネージャーなどを含む。

郭台銘は「順調に運営しているハイテクパークでも、鴻海グループはよく働きよく倹約し、責任感のある人才を多く必要とする。会社自ら革新的なテクノロジーで競争力を高めるために経験や常識をもって暮らしている管理者に対して、自己成長を速くするよう促している。我々は依然として勇敢に突き進む明日のスターに欠けている」と従業員に話した。

鴻海はまるで巨人のようで、若者は巨人の肩に立っても横になっても他人より高い。だから彼は若者に注意を促した。必ず立って、横になってはいけない。

「観点を前向き」にしてチャンスをつかみ、「観点を上向き」にして挑戦し、「観点を下向き」にして現実に向き合うことで、自分の専門価値を確立すれば他人から尊敬され、自身も誇りを持てるのである。

郭語録
88

ビジネスは「雪玉を転がす」のようで、どんどん大きくなるが、転がせなくなれば逆に転がってくる。

「雪玉転がし効果」でネット世界に転がり込み、投資機会も転がり込んだ

2007年9月22日、郭台銘は中国の電子商取引サイト「アリババ社」にて、フォックスコン科技グループCEOの肩書で、初めてTerry Gouをペンネームとして「鴻飛千里、海納百川、聚才乃壮、富士則康」をブログに発表した。「台湾の資産トップ」のオーラを放ち、11日という短い期間、3つの文章は38・8万人のネットユーザーを引き付けた。その人気ぶりは台湾と中国両方の企業トップのブログよりもはるかに高い。

郭台銘は突如アリババ社の「ブロガー」になって、2007年9月と10月に4つの文章を発表した。すべて経営に関連する題材で、すでにブログには1200人あまりのネットユーザーが意見を述べた。あるネットユーザーなどは彼を挑発して勝負を挑んだ。これが

本当に郭会長のブログかどうか疑う人もいた。

あるメディアでは、彼のブログはすでにネットユーザーから「富の神様」として崇められ、求めれば必ず叶えてくれるとの報道もある。なぜなら、多くのネットユーザーは郭台銘から「支持、面談、投資」を得たいからだ。あるネットユーザーは彼にとりあえず会って、それから共に事業に投資する話をしようというのもあった。

同年の11月6日、アリババ社は香港証券取引所にて「1688」のコード番号で株式上場を果たした。発音は中国語の「アリババ」に酷似している。資金調達額は116億香港ドル。これは香港株式市場で史上最高の金額を調達したインターネット株であった。

ネットワークの効果は遠くまで瞬く間に届く。資金も同様である。郭台銘が発揮しようとしたのは「雪玉転がし効果」である。彼の産業界における地位や布石で、インターネット世界に「転がり」込み、投資機会も転がり込んだ。

郭台銘は鴻海グループを通じて、香港の上場会社フォックスコンにアリババ社2130万株の購入を承諾させた。投資金額は2716億香港ドルであった。そのほかオランダAIGグループ、中国工商銀行アジア、九倉主席、新鴻基不動産、および嘉里建設社の大株主などがふるってアリババ社の株券購入を承諾したため、アリババ社が上場する前夜にして、株の発行価格の引き上げを宣言した。一挙にして香港では有史以来、時価総額最大のインターネット株となり、同時に世界から数億米ドルの資金動向を吸収した。

郭語録
89

過ちの反省：過ちを犯しても怖くない。怖いのは同じ過ちを繰り返すことだ。

大多数の人は「盲目」であるために過ちを繰り返す

多くの企業家は速く成長するために買収合併の方法を考えるが、統計を無視しているようである。10件の買収合併案件のうち7件は失敗に終わっている。

それなのに多くの財務アナリストが理論を使って、企業家に買収合併は産業変遷、企業拡大および資源再構築を促進するよい手段であると伝えている。

だが問題はアナリストの大多数は財務畑出身であるため、産業変遷に隠れているグローバル経済運営の構造的変化、企業拡大する際の人才背景と技術対応、資源再構築する際の資本市場の重心移動と競争条件の変化に対して、まったく疑わしい点を明確にしていないことだ。企業家ははっきり見極めなければ、再び過ちを犯すだろう。

「彼らは目を閉じて分析を行っている」と郭台銘は言う。大多数の人は「盲目」である。

だから過ちを繰り返す。例えば台湾の某部品メーカーはアメリカ資本の会社に「買収合併」された。この部品メーカーは売られ、社長はお金を受け取り、そのまま去った。残された従業員は10数年も懸命に働いたが、今となって株券もなく、毎日のように異動や転職のことばかり考えている。

このような買い手は純粋に競争相手を消滅させ、新たなビジネスチャンスを奪うことであり、売り手は純粋に高値を待って売る。つまり「買収合併」のことだが、決して鴻海がするようなことではない。買収合併自体は恐ろしくない。

鴻海と普立爾（プレミアイメージ・テクノロジー社）が合併して情報公開した後、両社の株券は共に値上がりしたが、これはなぜなのか？　市場が見たのは、両社の合併は金銭の利益追求のためではなく、また純粋にコスト低減や財務運営の思惑でもない。まして人員削減を強硬に推進し、職場転換・減給などはしないからだ。

鴻海は、合併双方および従業員の「Win-Win-Win（三辺勝利）の局面」を追求している。ローカルな地域から、国際的な産業や市場に至るまで、さらに想像力をめぐらして発展を見込んでいる。鴻海グループの過去数年にわたる多くの合併案は、すべて成功した例である。今日の例は決して偶然ではない。

郭語録
90

いわゆる「コンサルタント」とは、
「今は何時ですか」と聞けば、
彼はあなたのつけている腕時計を見て、
「今は何時です」と答える人である。

素養を発揮できれば鴻海は専門家、顧問の舞台となる

「投資銀行が鴻海から儲けるのは難しい」と、ある外資系管理職の人間が指摘した。主に2つの原因がある。一方で鴻海は誰もが取引を望んでいる会社で、もともと優遇されるところも多く、誰もが将来の受託ビジネスを行いたい。

もう一方で、鴻海の買収合併案は自ら行い、外部の専門家やコンサルティング会社には依頼しない。例えばゴールドマン・サックスなどの投資銀行は手数料がかかる。買収合併の成約金額の約1000分の1・5だが、これでも鴻海は高いと考え、それならば投資者に節約の手伝いをしたほうがまだマシだと思った。

鴻海が300億台湾ドルを投じて、国碁電子社（Ambit Microsystems）買収合併を完了し

た後、臨時株主総会で郭台銘は得意顔で話した。「鴻海はトータルで会計士にわずか16万台湾ドル（48万円）の手数料を支払った」

これも同社が専門家・コンサルタントを盲信しない証しである。たとえ企業発展でコンサルタントの協力を必要とする場合でも、郭台銘は従業員に対して、独自で考えるよう求めた。ひたすら「コンサルタント」を信じれば、知識で仕事する独立性を失いかねないからだ。だが同時に、鴻海は日本企業を引退した経験が豊富な日本人技術者をずっと注視してきた。しかも積極的に招聘して自社で指導するよう働きかけた。

日本メディアは、鴻海に勤めているベテラン日本人技術者を取材し、同社で働く感触を聞いたところ、彼は次のように答えている。「金型の精密技術のうち、鴻海のような規模の資金力を持つプラットフォームがあって、初めて持続発展できるものがある。以前日本で実現したかった理想の技術を思う存分発揮できる」

鴻海は日本人に「顧問」の肩書を与え、理想を実現できる舞台を提供した。日本から出発する技術は、全世界でその輝きを放つのである。「知識で働いている者が価値を見出すのは、テクノロジーの素養を持っているかどうか、素養を発揮できるかどうかだ」。

日本の技術を持つ顧問たちが技術流出をもたらしたと考える人もいるが、鴻海の規模がどんどん発展して、鴻海と日本企業が協力関係になった際、まさに引退した日本人顧問が日本の産業に対して、引き続き貢献するときである。

郭語録

91

企業の「信用度」は8つの大項目に由来する。

1.経営層の安定性
2.上級管理者の真剣さ
3.グローバル化の平衡性
4.戦略的決定の速さ
5.従業員利益の密着度
6.顧客の分散度
7.テクノロジーの掌握
8.チームの協調と一体化

企業の財務管理は簡潔かつ直接各部門が責任を持つことで人為的なミスを防ぐ

多くの企業は「透明な財務」として称しているが、最後になってスキャンダルが頻繁に報道されるようになる。アメリカのエンロン社からワールドコム社、日本の堀江貴文、そして台湾の博達社など、経営者は粉飾決算を行ったり、株価を投機的に売買したり、インサイダー取引を行うなどマネーゲームに夢中だった。

商業競争において、経営数字の公表自体慎重にならないといけない。なおさら一般大衆を騙すのは言語道断である。

郭台銘はかつてメディアに指摘したことがあった。企業の財務管理は、簡潔かつ直接各々の部門が責任を持つことで、人為的なミスを防ぐのである。例えば鴻海の財務諸表はそれぞれの従業員からボトムアップするので、途中から不正操作しようとする輩を排除できる。鴻海は先にすべての部門を「利潤センター」「コストセンター」「費用センター」に分けている。

「費用センター」には一定の予算が決められて、予算内で成果を出さなければならない。例えば行政部門、法務部門などがそうである。「コストセンター」も利潤を増やす部門ではなく、コストを別の部門に転嫁する役割を果たしている。コストセンターと利潤センターは互いに牽制しあって、例えばシステム物流部門、技術支援部門などがコストセンターに属する。

そして「利潤センター」は、鴻海の部門数では最も多く財務をまとめて上に提出できる力を備える必要がある。郭台銘が雑誌の取材を受けたときに強調した、「王永慶（台湾プラスチック創設者）が言うように、作成する帳簿は1つだけだ」。さらに彼は8つの大項目をもって、どのように長期にわたる会社経営をするかを示した。

(1) **経営層の安定性**：もし会社の社長、財務長がころころ替われば、間違いなく経営の成果は表れない。

(2) **上級管理者の真剣さ**：専門マネージャーの投入度と専門性は、会社経営者として、基本のことである。

(3) **グローバル化の平衡性**：「世界はフラット」である状況の中、どの会社でもグローバル化できる能力を備える。

(4) **戦略的決定の速さ**：会社の株主権を明確にし、権限付与が完全であれば、最短時間でコンセンサスが持てるのである。

(5) **従業員利益の密着度**：制度の完全性を推進することで、企業は従業員と利益を分かち合える。

(6) **顧客の分散度**：多様化する市場および製品、業績が堅実に成長すること。

(7) **テクノロジーの掌握**：核心的特許を持ち、技術に由来する発展であること。

(8) **チームの協調と一体化**：効率のある組織構成により、全体の成果が展開できる。

郭語録 92

インターネット時代では、大企業は常に勢力を保ち、小企業は小回りが利く。

大企業は常に大きく、小企業は小回りが利く

「我々は火花を散らすこともあるけど、最後は平和的に解決する」。郭台銘は初めてアリババ社の最高経営責任者馬雲に会って、意見交換した際の状況を述べた。

2人ともインターネット時代について、各自の考えを持っているが、郭台銘は「異の中で同を求む」をもって会社の競争力を強化した。また初めて中国で対外的に講演を行い、中国での第1作をアリババ社の「ネットビジネス」に捧げた。

この講演から郭台銘の考え方を見出すことができる。主に「分業の整理再編」の観点からインターネット時代を見ている。

すべての会社は分業において、整理再編の「連結」を行っているため、インターネット経済とは実に知識経済の整理再編および分業の具現化である。

インターネットの実体に対する意義とは何か？

郭台銘は次のように指摘した。鴻海をハードの会社にたとえれば、インターネットの特性は3項目から示すことができる。

1つ目は「バーチャルリアリティ」である。今日のネットビジネスを例にとっても処理しているのは情報、発注などだが、消費者はインターネットを通して音楽や映像をダウンロードする。つまりソフトウェア、バーチャルと言われている。しかし消費者は机1脚から、ラーメン1杯、家具1つ、携帯電話に至るまでインターネットからダウンロードできない。まさにバーチャルリアリティの時代である。

2つ目は「鬼に金棒、虎に翼」である。インターネット経済の時代では、特徴としては「大企業は常に大きく、小企業は小回りが利く」と郭台銘は考える。なぜ虎に翼なのか？仮に企業自身を虎にたとえると、吉林の山奥に潜んでいるが、翼がないため活動範囲は400平方キロ内に限定される。しかしこの虎に翼が生えたら、世界中飛び回ることができて、朝吉林で高麗人参を食べて、昼は上海に飛んで人々を食う。郭台銘は講演の中、冗談で比喩した。「上海人は脂が乗っているから（上海は裕福であるという意味もある）、虎は夜になって寝てしまう」

虎にいったん翼が生えたら、移動距離は遠くなり、時間処理は非常に有効である。一方でネズミに翼が生えたら、飛ぶネズミではなく蝙蝠《こうもり》である。

ゆえに郭台銘は強調した。インターネットと企業の能力は実に相乗効果をもたらす。当然ながら自身の実力と能力は大変重要で、ネット経済の実体とは、大企業は常に勢力を保つことに特徴がある。

3つ目は「遠くまで瞬く間に届く」である。インターネット経済の時代では、2階と地球裏側からの情報獲得の時間は同一であり、一瞬にして完了する。これも企業のスピードが「グローバル化」に追随できるかのポイントである。郭台銘にとって鴻海がアリババ社と手を結んだのも、実は虎の翼をもっと丈夫にするためだったのだ。

郭語録
93

企業および従業員の幸福を生む「3要素」は健全、安定、および発展である。

健全、安定および発展こそ企業と従業員の「幸福3要素」

多くの企業が「幸福」をもって、人を引き付けようとした際、郭台銘は自問する。経営者から見て、幸せな企業とは何か？　従業員から見て、幸福な企業とは何か？　両者が共に求める幸福な企業とはどんな姿であるか？

一般人の考えは、本当に「給料が高く、仕事が楽で家にも近い。思う存分寝られる」ことができれば、すなわち幸福な企業である。

しかし彼は「世の中にこんないいことはない。このような『幸福な企業』がかつてあったとしても、早々と潰れているか、もうすぐ倒産するか、もしかして従業員は最後の1カ月の給料さえもらえない」と、きっぱりと言い切った。

ドバイの船の帆の形をした最高級ホテルに1週間ほど泊まれば、幸せに浸って茫然となると言う人もいる。

だが郭台銘が思うに、幸か不幸か生まれつきの聡明さには関係なく、どんな人でもＩＱは似たり寄ったりである。また最初から金があるかどうかも関係なく、革新と苦労のみが富をもたらす。最後に彼が考え出した結論は、健全、安定および発展こそ、企業と従業員の「幸福3要素」である。

1つ目は健全である。従業員の安全と健康、家庭円満は幸福の第1条件である。彼はさまざまな地域を訪れ、極めて劣悪な環境の中、戦々恐々と働いている人たちを見てきた。ある人は嫌というほど病気に苦しめられているが、治療するお金がない。ある人は身体に障害があるために、人生の空しさを感じている。そのため彼は安全と健康が企業にとって重要であるとわかっている。また家庭にとっても重要であり、人の生涯においてはさらに大切である。

郭台銘は山西省・身体障害者連合会の名誉理事長も兼任しているが、そこで驚くべき調査データを得た。中国の障害者総数は8300万人近くにも達し（一説では、まだ30％の身体障害者は未登録である）、中国人が約13人いれば、そのうち障害者が1人いる計算になる。

そこで従業員にこう示した。「幸せになるために、まず今の幸せを大切にする。忘年会の抽選で賞に当たらなくても構わない。健康体であれば、いくらでも長い道のりを歩める。今日も1日無事に終わって、家に戻れば天に感謝する。自分が帰ってきたのを見て、妻子は喜び、両親は安心する。睦まじい家族は大金でも買うのが難しい」

2つ目は安定である。幸福な企業には必ず「安定」した特徴がある。鴻海で働けば、賃金がもらえず、チャレンジ性がなく、成長するチャンスがない不安はまったくない。安定こそ従業員と会社が成長する土台であるからだ。

かつて数多くの工業神話をつくり出した企業は、従業員も業界指折りのエリートである。しかしグローバル化に伴う競争の中、いくら優秀な人才でも不安定な仕事環境に直面する。鴻海はこれらの企業と比較すると、技術水準、製造経験は不十分と言えるかもしれないが、経営は安定している。従業員の仕事や家庭環境も安定しているからこそ、決意と努力する環境をつくり出して、他の企業にも引けをとらないのである。

「我々は世界の英才を幅広く受け入れて、人才には安定した仕事と生活環境を提供する」と郭台銘は強調した。人才が成長するためには、会社の安定した経営こそ、その才能が一挙に伸びる土台となる。

そして幸福な企業の最高レベルとは「発展」である。つまり会社が発展する見通しがあれば、従業員にも発展する将来性がある。元中国指導者の鄧小平は「発展は硬い理屈だ」とかつて言ったが、郭台銘は「発展は硬軟織り交ぜるべきだ」とひと言加えた。

彼は幸福な企業をつくるためには、テクノロジーの長期投資、持続的に本業を経営する必要があると論じている。

グローバル競争の時代において、テクノロジーの研究開発や応用なしでは、幸福は単に「鏡の中の花、水中の月」のような幻想にすぎず、せいぜい宗教的な慰めにしかならない。個人レベルではよくても、国家や人民の未来の発展を誤った方向に導きかねない。

彼から見て「発展」は希望、チャンス、進歩、成果を意味する。鴻海は3Cから6Cにビジネスを拡大したように、経営形態も製造業からテクノロジーに転換し、生産基地は沿海から内陸に移り、中国から世界に広げようとしている。同社の若い社員は、今後の発展に無限の力を発揮する可能性を秘めている。

訳者あとがき

本書は、日本における郭台銘の企業経営の神髄に触れる初めての書物です。

2014年1月に開催された鴻海グループの「尾牙《ブエゲ》」(台湾の風習で、企業側が主催する大忘年会)で、郭台銘は前年度の売上高と比べ、1・25%しか成長しなかったことに「がっかりした」と言いました。しかし、それでも売上高4兆台湾ドル(約12兆円)近くに上り、台湾の民営企業のトップの座を獲得しました。今年は創業40年の節目でもあり、郭台銘は「これから先の10年、今の4兆を10兆に」と宣言しました。

数字の成長だけではありません。郭台銘が率いる鴻海の勢いは衰えることなく、本書の内容にもあるように、「常に自ら進んで、挑戦を受け入れ」ています。技術の研究開発を重視するオバマ政権の先進製造パートナーシップ(AMP)に呼応して、ペンシルバニア州に研究・開発の設備を備えるハイテク生産拠点の建設計画のため4000万米ドルを投資し、今後2年間で軌道にのせることを発表しました。そして、グーグルとロボット事業においての提携計画も明らかとなりました。

また、世界最大のムスリム国家であるインドネシアの携帯電話の需要に応えるため、スマートフォンのBlackBerryで知られているカナダのブラックベリー社と提携して携帯端末を生産・販売する計画について、ジャカルタ知事と合意しました。このインドネシア投資計画によって、「イスラム世界につながる」と郭氏が言ったことから、「初代創業者の絶対的な権力＝完全なる責任」という信念がうかがえます。安い労働力に頼るだけなら、このような持続成長を維持するのが難しいと考えている同氏は、次のステップについてもうすでに考えているのでしょう。

シャープとの提携問題で、日本でも注目を集めた郭台銘について、「メディア嫌いもあって、その素顔は判然としない」という報道もありましたが、そうとは思えません。むしろ、マスコミを上手く扱っているという感じです。しかし、これまで、日本では郭台銘本人よりも、鴻海の方が知られていることも事実です。台湾では15万部以上のベストセラーとなった本書は郭台銘自身に対する理解への一助になると思います。

英語にも訳された本語録は決してスローガンではありません。郭台銘が実践している行動の基礎ともなるものです。さらに多角化する鴻海は、日本企業にとっては良き競合相手であり、時機によって良きパートナーにも成りうると本書を翻訳しながら痛感しました。もちろん、日本には独自の企業文化があることは重々承知です。しかし日本以外の国々との交渉は避けて通れない現在において、世界的不況や、国際的な競争の荒波を乗り越えて来た同社の歴史も率直に書かれている本書の価値はいっそう際立っています。

最後に、本書の翻訳の機会をくださったビジネス社の唐津社長にこの場をお借りして御礼申し上げます。そして、本書の翻訳にあたり多大なご協力をいただいた川澄勇志さん、猪俣貴幸さん、また、本書の監修をしてくださった黄文雄先生にも心より感謝申し上げます。

平成26年3月
薛格芳

監修者あとがき

台湾はかつて韓国、香港、シンガポールとともに、アメリカ、日本とのトライアングル貿易でアジアＮＩＥＳ（亜洲四小龍）として経済が躍進し、世界から注目、刮目されたことがあった。

その後から追うのがＡＳＥＡＮ。そして東西冷戦終結後、パックス・アメリカーナが確実に世界経済と軍事の支配的地位を確立し、グローバリズムが地球的規模へと広がっていく。資本、技術、人材、資源、情報は国境を越えて、世界市場へと流れていく。ＢＲＩＣｓ（ブラジル、ロシア、インド、中国、南アフリカ）の経済急成長は、グローバリズムの申し子とも言える。その後に追うのはＶＩＳＴＡＲ（ベトナム、インドネシア、南アフリカ、トルコ、アルゼンチン）とも予想される。

そもそも台湾と韓国との経済の形の違いは、台湾が債権国で中小企業が主役なのに対し、韓国が債務国で大企業中心である。だから、１９９７年のアジア通貨・経済危機の際、台湾は日本と同じように資金を拠出して、韓国等諸国を支援した。

日本経済が90年代に入ってバブルがはじけ、「失われた10年」さらに「失われた20年」とつづいた。やや遅れて台湾もバブルがはじけ、さらに産業空洞化がすすむ。

それが冷戦終結後の世界地図の大きな変化である。もっと突出するのは、ＢＲＩＣｓ経済規模の急拡大である。

アメリカの国務院と台湾政府の公式発表、そして財界の長老（元第一銀行の頭取）黄天麟氏の説などの数字をまとめてみると、ここ20年来、台湾の対外投資は総投資金額の約80％が対中投資である。資本と技術移転がつづき、中国の対外輸出総売り上げの中で、台湾系企業は約その半数という統計数字も出ている。

台湾の対中進出の代表的企業が富士康（鴻海グループの子会社）である。かつて奇美実業のＩＣ産業との併合、日本のシャープとの資本提携などで話題となり、経財界からも注目されている。

中国経済ことに企業進出は日米欧とは違って極めて難しく、この伝統的風土からは、総括的でいえば「超経済的方法」という一言につきる。

では、鴻海・富士康の総帥郭台銘は、いったいどんな企業理念に基づき、いかなる手法で世界企業として成功したのか？　目下世界で最も注目される４兆元（約15兆円）産業、鴻海総帥郭台銘の経営理念と国際企業成功の秘密について、氏の「経営学」に当たる語録（本書）が台湾でベストセラーになり、英訳もされている。

創業者として多国籍国際企業に成長するまで、当然ながら決して順風満帆だったわけではない。如何にして千辛万苦を排して、今日に至ったかは郭氏の経営哲学となり、「学」としてではなく、「事業」としての名言も数多く残している。以下いくつかを拾って、ビジネスにとっても人生哲学にとっても座右銘にしたいところである。

「数値から問題を分析するのではなく、構造から問題を見よ」

「情報共有できる人こそが指導者と呼ばれる」

「高度の科学技術は感謝の心から」

「真の英雄は勲章を見ずして終わってしまう」

「与える度胸で人材を人財に変える」

「長期投資や人材育成こそが成功できるかどうか重要な鍵となる」

和訳は薛格芳嬢によって訳出されたものである。日本の会社経営者、とくに若き起業家のみなさんに企業経営の参考の一助にもなれば幸甚である。

平成26年3月

黄文雄

[略歴]

監修　黄 文雄（こう・ぶんゆう）

1938年台湾生まれ。1964年来日。早稲田大学商学部卒業、明治大学大学院修士課程修了。『中国の没落』（台湾・前衛出版社）が大反響を呼び、評論家活動へ。著書に『真実の中国史【1949-2013】』『学校では絶対に教えない植民地の真実』『売国奴【新装版】』など多数。

翻訳　薛 格芳（せつ・かくほう）

台湾生まれ。1995年来日。明星大学教育学研究科博士後期課程修了。台湾と日本の安全保障、文化、経済などさまざまな交流に携わっている。

著者　張 殿文（ちょう・でんぶん）

イギリス・リヴァプール大学企業管理修士、中国復旦大学博士課程修了。大手マスメディアの文芸・スポーツ・財界各分野に担当し、継続して啓発的な華人の発掘と執筆を行ってきた。著書に『五千億傳奇』（共著）、『融入顧客情境』、『懸崖邊的貴族』、『虎與狐』など。

郭《かく》・台銘《たいめい》＝テリー・ゴウの熱中経営塾

2014年4月20日　第1刷発行

著者　張 殿文
訳者　薛 格芳
監修　黄 文雄
発行者　唐津 隆
発行所　株式会社ビジネス社
〒162-0805　東京都新宿区矢来町114番地 神楽坂高橋ビル5F
電話　03(5227)1602　FAX　03(5227)1603
http://www.business-sha.co.jp

〈印刷・製本〉中央精版印刷株式会社
〈装丁〉常松靖史　〈DTP〉エムアンドケイ
〈編集担当〉本田朋子　〈営業担当〉山口健志

ISBN978-4-8284-1749-3

ビジネス社の本

日本人よ！「強欲国家」中国の野望を砕け

尖閣、台湾の次にねらっているのは、沖縄だ！
身勝手な中国人との付き合い方、闘い方、防ぎ方を知っておくべきだ!!

黄文雄……著

定価　本体９５２円＋税

ISBN978-4-8284-1722-6

本書の内容

ビジネス社の本

真実の満洲史【1894-1956】

宮脇淳子……著

岡田英弘……監修

定価　本体1700円+税

ISBN978-4-8284-1708-0

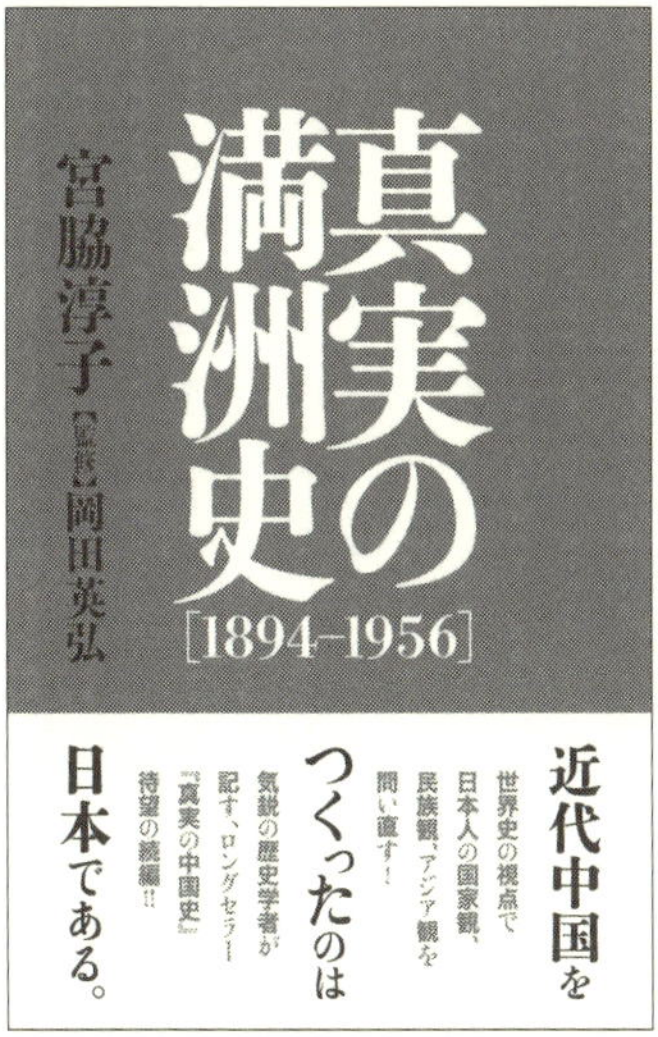

本書では、日清戦争が始まった1894年（明治27年）から、ソ連からの引き揚げ船が舞鶴に入港する1956年（昭和31年）までを歴史学者・宮脇淳子氏が完全解説。「なぜ満洲と呼ばれるのか?」「旅順虐殺の真相」「関東軍の謀略は本当にあったのか?」「日本と欧米の植民地政策の大きな相違点」など、日本人と中国人の歴史観のギャップによって見えなくなってきた「史実」を解き起こす、まさに「真実の満洲史」である。

本書の内容

序　章　満洲とは何か
第1章　日清戦争から中華民国建国前まで
第2章　中華民国建国以後、満洲国建国まで
第3章　満洲国建国、崩壊、そしてその後

ビジネス社の本

定価　本体1600円+税
ISBN978-4-8284-1730-1

真実の中国史【1949-2013】

黄文雄……著

宮脇淳子氏推薦！「人民共和国後期が、もう終わっていることを論証した好著！」
本書は1949年の中華人民共和国建国から、習近平時代に突入した中国を鋭い筆法で評論活動を続けベストセラーを続々と刊行する黄氏が完全解説。分裂を繰り返す中国の真実とは？　1949年の中華人民共和国建国から権力の構造を読み解く。

本書の内容

第1章　なぜ20世紀中に中国は3回も国家崩壊したのか
第2章　前中華人民共和国の毛沢東の時代
第3章　後中華人民共和国の時代
第4章　万古不易の中国の夢
第5章　魅力あるソフトウエアがない中国
第6章　「統一」がもたらす中国の悲劇的な宿命
第7章　なぜ中国の民主化が絶対不可能なのか
第8章　自然と社会から読むこれからの中国